Alexandra Piel

Spiele zur Unterrichtsgestaltung

Deutsch

D1727684

⊞ Verlag an der Ruhr

Impressum

Titel
Spiele zur Unterrichtsgestaltung – Deutsch

Autorin
Alexandra Piel

Layout
ebene N, Mülheim an der Ruhr

Titelbildmotive
Fotolia.com: Buchstabensalat © tuja66 | Würfel © milosluz
| lesendes Mädchen © LVDESIGN | Schreiben © vgstudio
| Buchskulptur © Sulamith | Denkmal © Volker Z | Buchseite © seen

Kapitelmotive
Fotolia.com: Kapitel 1 © Joachim B. Albers | Kapitel 2 © Foto-Ruhrgebiet
| Kapitel 3 © Ewe Degiampietro | Kapitel 4 © photogl | Kapitel 5 © Fyle
| Kapitel 6 © amadeusz | Kapitel 7 © JiSIGN | Kapitel 8 © Ramona Heim

 **Verlag an der Ruhr**
Mülheim an der Ruhr
www.verlagruhr.de

Geeignet für die Klassen 5–13

Unser Beitrag zum Umweltschutz:
Wir sind seit 2008 ein ÖKOPROFIT®-Betrieb und setzen uns damit aktiv für den Umweltschutz ein.
Das ÖKOPROFIT®-Projekt unterstützt Betriebe dabei, die Umwelt durch nachhaltiges Wirtschaften
zu entlasten. Unsere Produkte sind grundsätzlich auf chlorfrei gebleichtes und nach Umweltschutzstandards
zertifiziertes Papier gedruckt.

© Verlag an der Ruhr 2013
ISBN 978-3-8346-2330-0

Printed in Germany

Inhaltsverzeichnis

Vorwort

Liebe Lehrer[*],

Spielen verändert die Atmosphäre in der Klasse und bricht eingeschliffene Verhaltensmuster auf, da es den Menschen ganzheitlich anspricht, soziales Lernen ermöglicht und nicht bloß kognitives Wissen vermittelt. Die hier vorgestellten Spielideen fordern ganz unterschiedliche Fähigkeiten von den Schülern: Mal geht es um Kreativität und Einfallsreichtum, mal um Wissen, dann wieder sind Schnelligkeit, Geschicklichkeit oder gute Merkfähigkeit gefragt. Das führt dazu, dass bei diesen Spielen nicht immer die Klassenbesten gewinnen, sondern es können sich durchaus solche Schüler als Cracks entpuppen, die sonst eher schwache Leistungen im Deutschunterricht erbringen.

Dieses Buch bietet Ihnen sowohl schnelle, spontan im Deutschunterricht einsetzbare Spielideen als auch zeitaufwändigere Anregungen, die eine gewisse Vorbereitung erfordern. Dabei nimmt Ihnen dieser Band allerdings den größten Teil der Arbeit ab. Zu vielen Spielen finden Sie Kopiervorlagen, die Sie nur noch – eventuell vergrößert – kopieren (ggf. für bessere Haltbarkeit laminieren) und ausschneiden müssen. Für die meisten Spiele benötigen Sie aber keine besonderen Materialien außer Schreibzeug, Schere, Klebestift und Klebeband, einige Würfel, Sanduhren mit unterschiedlich langer Laufzeit und einen Gong. Viele der vorgestellten Spiele können Sie gemeinsam mit Ihren Schülern herstellen bzw. um zusätzliche Spielkarten ergänzen. Ein solches Ausdenken von Quizfragen und Erstellen von Wortkärtchen ist eine effiziente Form, den bisherigen Unterrichtsstoff noch einmal zu wiederholen, und macht Ihrer Lerngruppe sicherlich mehr Spaß als stumpfes Abfragen. Einige Spiele, die Sie in diesem Buch finden, sind gute, alte Bekannte. Zum Teil handelt es sich um beliebte Gesellschaftsspiele, zum Teil um bewährte Unterrichtsklassiker, die hier in einem neuen Kontext oder einer abgewandelten Form präsentiert werden. Wer tatsächlich das allererste Mal die Idee zu einem bestimmten Spiel gehabt hat und als sein Erfinder gelten kann, lässt sich heute meist nicht mehr eindeutig feststellen. Das Neue an diesem Buch ist nun, dass diese Spiele speziell für die vom Lehrplan vorgegebenen Bereiche des Deutschunterrichts ausgewählt und angepasst wurden. So können Sie auf spielerische Weise verschiedene Kompetenzen Ihrer Schüler, wie Sprechen oder Schreiben, damit trainieren. Am Ende des Buches können Sie sich in einer Tabelle einen schnellen Überblick darüber verschaffen, welche Kompetenzen bei welchem Spiel besonders gefördert werden. Geordnet sind die Spielvorschläge nach folgenden wichtigen Lehrplanbereichen des Deutschunterrichts:

- Rechtschreibung
- Grammatik
- Arbeit mit kürzeren Texten
- Lektüren
- textunabhängiges Arbeiten
  (Wortschatzarbeit, Beschreiben, Argumentieren, Erzählen)

[*] Aus Gründen der besseren Lesbarkeit haben wir in diesem Buch durchgehend die männliche Form verwendet. Natürlich sind damit auch immer Frauen und Mädchen gemeint, also Lehrerinnen, Schülerinnen etc.

Vorwort

Überwiegend richten sich die Anregungen in diesem Band an Schüler der Sek. I, aber vieles – gerade, was die Arbeit mit Lektüren und anderen fiktionalen Texten angeht – eignet sich bei entsprechender Anpassung des Schwierigkeitsgrades auch für die Oberstufe. Entscheiden Sie im Einzelfall einfach selbst, was zu Ihrer Lerngruppe passt. Selbstverständlich können Sie die meisten der Spielideen genauso gut wie im Deutschunterricht, hier auch in Vertretungsstunden, in anderen Fächern, wie Englisch oder DaZ-Förderung, nutzen. Viele der Spiele passen nicht nur zu den im Buch vorgeschlagenen Themengebieten, sondern lassen sich vielfältig einsetzen. Probieren Sie es einfach aus! Verändern Sie die Regeln, ergänzen Sie etwas, das den Schwierigkeitsgrad erhöht, machen Sie ein Wettspiel auf Zeit daraus. Beziehen Sie Ihre Schüler in diese Überlegungen mit ein, denn sicher haben diese gute Ideen, wie sich eine Spielidee modifizieren lässt.

Präsentiert werden alle Anleitungen nach dem gleichen Muster, um Ihnen eine schnelle Orientierung zu ermöglichen:

- Spielart
- Thema
- Ziel
- Klasse
- Dauer
- Sozialform
- Material
- Vorbereitung

Daran schließt sich eine knappe Beschreibung des jeweiligen Spiels an, häufig ergänzt um verschiedene Variationsmöglichkeiten. Darüber hinaus bekommen Sie Hinweise zur Reflexion des Spiels mit den Schülern und zur daran anschließenden Arbeit. Schließlich sollte ein Spiel im Unterricht nicht isoliert stehen, sondern in den gesamten Kontext einer Einheit eingebettet sein. Die Reflexionsfragen berücksichtigen Vorgehensweisen und Strategien der Spieler bei der Lösung der Aufgaben, thematisieren ausgewählte Inhalte und liefern weiterführende Anregungen.

Sie finden fünf Arten von Spielen in diesem Buch:

- Kommunikationsspiele: Schüler kommen miteinander ins Gespräch
- Lernspiele: Schüler üben und wenden Regeln an
- Ratespiele: Schüler bearbeiten Quizfragen oder lösen Rätsel
- Schreibspiele: Schüler formulieren Sätze und produzieren Texte
- Wortspiele: Schüler sammeln bzw. untersuchen Wörter nach bestimmten Kriterien

Interessante Spielstunden wünscht Ihnen

Alexandra Piel

Vokal-Lauf

Lehrerhinweise

Spielart: Lernspiel	**Sozialform:** alle zusammen
Thema: lange und kurze Vokale	**Material:** zwei DIN-A4-Blätter, Klebeband, viele kleine Zettel, Korb o.Ä.
Ziel: Unterschied zwischen langen und kurzen Vokalen hören	**Vorbereitung:** Zettel beschriften und in zwei Raumecken aufhängen
Klasse: 5.–7. Klasse	
Dauer: 10 Minuten	

Beschreibung

Zunächst erstellen die Schüler das Material für dieses Spiel: Dazu sammeln sie in Kleingruppen einsilbige Wörter mit langen bzw. kurzen Vokalen. Jedes dieser Wörter schreiben sie auf einen Zettel. Nach fünf Minuten sammelt der Lehrer alle Wortkärtchen in einem Korb und mischt sie gut durch.

Ein paar Wortbeispiele:
Ton, Ball, Kuss, Land, Sohn, Bad, Spaß, Dieb, Buch, sehr, Tee, voll, klug, Lack, Stahl

Anschließend hängt der Lehrer einen Zettel mit der Aufschrift „langer Vokal" in eine Raumecke und einen Zettel mit der Aufschrift „kurzer Vokal" in die gegenüberliegende Ecke. Alle Schüler stehen auf und stellen sich in die Mitte des Raumes. Dann zieht der Lehrer die erste Wortkarte aus dem Körbchen und liest sie vor. Jeder muss sich nun überlegen, ob das Wort einen langen oder kurzen Vokal enthält, und in die entsprechende Ecke des Raumes laufen. Wer sich richtig entschieden hat, bekommt einen Punkt.

Variante(n)

Folgendes Spiel lässt sich paarweise im Sitzen spielen: Die Schüler zeichnen ein Spielfeld mit z.B. 20 aufeinanderfolgenden Feldern auf ein Blatt Papier. Beide bekommen eine andersfarbige Spielfigur, die Schüler A am Anfang, Schüler B am Ende des Spielfelds aufstellt. Der Lehrer nennt dann Wörter, die er aus dem Körbchen zieht. Immer wenn ein Wort mit langem Vokal vorkommt, darf Schüler A seine Spielfigur ein Feld weiter ziehen, bei einem kurzen Vokal ist Spieler B an der Reihe. Gewonnen hat derjenige, der als Erstes auf der gegenüberliegenden Seite des Spielfelds angekommen ist.

Reflexion

▶ Welche Rechtschreibregeln kennen die Schüler in Bezug auf lange bzw. kurze Vokale?
▶ Es werden Reimwörter zu den im Spiel vorkommenden Begriffen gesammelt.

Teekesselchen

Spielart:	Ratespiel/Kommunikationsspiel	**Dauer:**	10–15 Minuten
Thema:	lange und kurze Vokale	**Sozialform:**	alle zusammen
Ziel:	Wörter mit langen bzw. kurzen Vokalen in ihrer Bedeutung unterscheiden	**Material:**	Wortkarten (Vorlage S. 8)
		Vorbereitung:	Wortkarten kopieren und ausschneiden
Klasse:	5.–10. Klasse		

Beschreibung

Zwei Spieler bekommen gemeinsam eine Karte, auf der ein Wortpaar steht. Dieses Wortpaar unterscheidet sich dadurch, dass einer der beiden Begriffe einen langen, der andere einen kurzen Vokal enthält. Die beiden Spieler stellen sich vorne in der Klasse auf und geben abwechselnd Hinweise zu ihrem Wort, z.B. **A**: „Mein Teekesselchen ist ein Teil des Körpers." **B**: „Und mein Teekesselchen braucht man auf einer Baustelle." **A**: „Mein Teekesselchen befindet sich am Hals." **B**: „Mein Teekesselchen benötigt man auch, um Suppe aufzufüllen." (*Kehle/Kelle*) Die Mitschüler versuchen, die Wörter zu erraten.
Zur Sicherung wird das gefundene Wortpaar an die Tafel geschrieben. Danach erklären zwei andere Spieler das nächste Wortpaar.

Variante(n)

▶ Sie können das Spiel auch in der klassischen Form mit den Schülern spielen: Dann bestehen die Teekesselchen aus Wörtern mit doppelter (oder mehrfacher) Bedeutung, wie z.B. Krone, Blüte oder Ball.

▶ Das Spiel lässt sich zudem auf Wörter mit gleichem Klang, aber verschiedenem Schriftbild, wie Wende und Wände, anwenden.

Hinweis(e)

Halten Sie einen Duden bereit, damit die Schüler nachsehen können, falls sie eines der Wörter nicht kennen.

Reflexion

Lesen Sie hinterher die Wörter von den Spielkarten in gemischter Reihenfolge langsam vor. Welches Wort hat einen langen, welches einen kurzen Vokal? Vereinbaren Sie mit den Schülern eine Bewegung, mit der sie lange bzw. kurze Vokale anzeigen können.

Teekesselchen

Kopiervorlage

die Höhle – die Hölle	die Hüte – die Hütte	die Wahl – der Wall	der Wahn – wann
das Beet – das Bett	Polen – die Pollen	die Gasse – die Gase	die Rate – die Ratte
die Robe – die Robbe	wen – wenn	irre – ihre	die Bahn – der Bann
kam – der Kamm	die Mitte – die Miete	der Kahn – kann	der Schrott – der Schrot
spuken – spucken	der Schal – der Schall	die Kehle – die Kelle	der Aal – das All
der Fall – fahl	lahm – das Lamm	der Stall – der Stahl	das Mus – muss
die Masse – die Maße	lasen – lassen	statt – der Staat	stellen – stehlen
die Sohlen – sollen	die Schote – der Schotte	fühlen – füllen	prahlen – prallen
das Heer – der Herr	der Star – starr	die Saat – satt	die Buße – die Busse
fehlen – fällen	die Speere – die Sperre	wir – wirr	der Stiel – still

© Verlag an der Ruhr | Autorin: Alexandra Piel | ISBN 978-3-8346-2330-0 | www.verlagruhr.de

Ursprünglich

Spielart:	Wortspiel	**Dauer:**	10–15 Minuten
Thema:	Stammprinzip	**Sozialform:**	Partner- oder Kleingruppenarbeit
Ziel:	Wörter mit dem gleichen Wortstamm finden, Wortverwandtschaften erkennen	**Material:**	für jedes Team Tabelle zum Ausfüllen, Sanduhr
		Vorbereitung:	Tabelle erstellen
Klasse:	5.–8. Klasse		

Beschreibung

Jedes Paar bzw. jede Kleingruppe erhält eine Tabelle, in deren erster Zeile vier bis sechs Wörter stehen, die in vielen anderen Wörtern als Stamm auftauchen, wie z.B.:

Land	Ende	fahren	viel	wieder	wahr

In die freien Zeilen darunter müssen jeweils Wörter geschrieben werden, die daraus ableitbar sind, z.B. bei „Land": „Ländereien, ländlich, Ausland, Gelände, Geländer ..." Die Gruppen stehen dabei im Wettbewerb zueinander. Das Team, das es als erstes schafft, die Tabelle zu vervollständigen, ruft „Stopp".

Dann werden die Wörter vorgelesen. Für jedes Wort, das auch mindestens eine andere Gruppe gefunden hat, gibt es fünf Punkte; für ein Wort, das nur einmal vorkommt, erhält die Mannschaft zehn Punkte. Um den Sieger zu bestimmen, werden alle Werte addiert.

Hinweis(e)

Die Spieldauer ist sehr variabel, je nachdem, wie viele Tabellenspalten Sie vorgeben und wie viele Wörter zu einem Ausgangswort gefunden werden müssen. Hier können Sie gut differenzieren: Stärkere Schüler müssen beispielsweise je vier Wörter suchen, schwächere nur drei.

Reflexion

- Welche bislang nicht genannten Wörter lassen sich noch von einem bestimmten Stammwort ableiten? Ein Blick in den Duden hilft weiter.
- Lassen Sie die Schüler zu einem Stammwort ihrer Wahl einen Stammbaum zeichnen. An der Wurzel steht der Ausgangsbegriff, auf den Ästen des Baumes befinden sich die Ableitungen des Begriffs.

Stolperwörter

Lehrerhinweise

Spielart:	Lernspiel	**Dauer:**	10 Minuten
Thema:	Homophone	**Sozialform:**	Partnerarbeit
Ziel:	gleich bzw. ähnlich klingende Wörter mit verschiedenen Bedeutungen unterscheiden	**Material:**	Tandembogen (Vorlage S. 11)
		Vorbereitung:	Tandembogen für jedes Paar kopieren und durchschneiden
Klasse:	5.–8. Klasse		

Beschreibung

Je zwei Schüler spielen miteinander, der eine bekommt Streifen A, der andere Streifen B. Sie dürfen sich diese beiden Zettel nicht gegenseitig zeigen. Schüler A beginnt und liest B den ersten Satz von seinem Blatt vor. B notiert das Wort, das in der Lücke auf seinem Zettel fehlt. Danach buchstabiert er A seine Schreibweise. Dieser überprüft in seiner Vorlage, ob alles richtig ist.

Dann liest B den nächsten Satz vor, und A muss das fehlende Wort ergänzen. So geht es weiter, bis der ganze Tandembogen abgearbeitet ist. Für jedes richtig geschriebene Wort gibt es einen Punkt. Sieger ist der Schüler mit den meisten Punkten.

Anschließend wird gemeinsam an der Tafel mit der ganzen Klasse eine Liste der Wörter erstellt, die in der Übung vorkamen. Der passende, gleich bzw. ähnlich klingende Begriff wird danebengeschrieben, sodass Wortpaare wie *die Wände – die Wende* nebeneinanderstehen. Dabei wird die unterschiedliche Wortbedeutung herausgearbeitet.

Hinweis(e)

▸ Diese Übungsform ist für diverse Rechtschreibaspekte geeignet.
▸ Die Schüler können sich auch die kompletten Sätze diktieren. In diesem Fall besteht abwechselnd jeweils eine Seite des Tandembogens aus einem leeren Feld, in das der Schüler den entsprechenden Satz schreibt.

Reflexion

▸ Welche anderen gleich oder sehr ähnlich klingenden Wörter mit unterschiedlicher Bedeutung gibt es?
▸ Die Schüler können eine Merkliste in ihrem Rechtschreib-Heft anlegen, die sie nach und nach mit weiteren solchen Wortpaaren ergänzen. Wenn nötig, können Sie mit ihnen auch eine Definition zu den Wörtern erarbeiten.

Stolperwörter

Tandembogen

Schüler A	✂	Schüler B
Für den Kuchenteig braucht man ein halbes **Pfund** Mehl.		Für den Kuchenteig braucht man ein halbes _____ Mehl.
In der Bäckerei liegt nur noch ein _____ Brot im Regal.		In der Bäckerei liegt nur noch ein **Laib** Brot im Regal.
Das Getreide wird zum **Mahlen** in die Mühle gebracht.		Das Getreide wird zum _____ in die Mühle gebracht.
Im Sommer wachsen im Garten viele leckere _____ .		Im Sommer wachsen im Garten viele leckere **Beeren**.
Um die Übersicht zu behalten, sollte man sein E-Mail-Postfach ab und zu _____ .		Um die Übersicht zu behalten, sollte man sein E-Mail-Postfach ab und zu **leeren**.
Das Motto heißt: Gute **Miene** zum bösen Spiel machen.		Das Motto heißt: Gute _____ zum bösen Spiel machen.
Die _____ an meinen neuen Stiefeln sind schon ziemlich abgelaufen.		Die **Sohlen** an meinen neuen Stiefeln sind schon ziemlich abgelaufen.
Wütend **widerspricht** sie ihrem älteren Bruder.		Wütend _____ sie ihrem älteren Bruder.
_____ mit dem Bus ist er heute mit der Straßenbahn gefahren.		**Statt** mit dem Bus ist er heute mit der Straßenbahn gefahren.
Bei meiner Gitarre ist leider eine **Saite** gerissen.		Bei meiner Gitarre ist leider eine _____ gerissen.
Der Arzt _____ das gebrochene Bein ein.		Der Arzt **gipst** das gebrochene Bein ein.
Der Dieb hat bei seinem Einbruch ziemlich viel Geld **entwendet**.		Der Dieb hat bei seinem Einbruch ziemlich viel Geld _____ .

© Verlag an der Ruhr | Autorin: Alexandra Piel | ISBN 978-3-8346-2330-0 | www.verlagruhr.de

Rechtschreib-Schnapp

Spielart:	Lernspiel	**Sozialform:**	Kleingruppen
Thema:	gleich oder ähnlich klingende Laute	**Material:**	pro Gruppe DIN-A5-Blätter mit Buchstaben(kombinationen), eine Wörterliste sowie für jeden Schüler eine andersfarbige Spielfigur
Ziel:	Wörter mit ks-Laut korrekt schreiben		
Klasse:	5.–7. Klasse		
Dauer:	5–10 Minuten	**Vorbereitung:**	Buchstabenblätter beschriften, Wörterliste kopieren

Beschreibung

Die Schüler stehen zu viert oder fünft um einen Tisch herum. Jeder erhält eine andersfarbige Spielfigur. In der Mitte liegen – für alle gut erreichbar und mit dickem Filzstift beschriftet – DIN-A5-Blätter mit jeweils einer der folgenden Buchstaben(kombinationen):
x – ks – chs – cks – gs.
Bei diesem Schnappspiel werden Wörter genannt, in denen eine(r) der oben stehenden Buchstaben(kombinationen) vorkommen. Die Schüler müssen so schnell wie möglich ihre Figur auf die richtige Buchstabenkarte setzen.
Ein Schüler an jedem Tisch fungiert als Spielleiter. Er bekommt die Wörterliste und nennt langsam die darauf stehenden Wörter:

Wörterliste

*allerdings – zwecks – extrem – geradewegs – der Lachs – die Mixtur - die Achse –
der Keks – ringsherum – der Ochse – die Box – der Klecks – der Luchs – du schleckst –
extra – hinterrücks – die Eidechse – links – schlaksig – der Text – unterwegs –
verwechseln – die Explosion – tagsüber – der Boxer – das Gewächs – das Examen –
der Mixer – das Wachstum – die Expedition – der Luchs – die Hexe – die Nixe*

Der Spieler, der zuerst seinen Spielstein auf dem richtigen Buchstabenfeld platziert hat, bekommt vom Spielleiter einen Punkt. Diese Punktewertung trägt er in einer Tabelle ein.

Hinweis(e)

Das Spiel bietet sich auch zum Training von s-Lauten oder der unterschiedlichen Schreibweise langer Vokale an.

Würfeldiktat

Spielart:	Lernspiel	**Dauer:**	5 Minuten
Thema:	gleich oder ähnlich klingende Laute	**Sozialform:**	Einzelarbeit
Ziel:	Training bestimmter Rechtschreibphänomene, z.B. ä/e, wieder/wider oder ss/ß	**Material:**	pro Spieler ein Würfel, Tabelle mit Wörtern
Klasse:	5.–10. Klasse	**Vorbereitung:**	Wörtertabelle (Vorlage S. 14) für jeden kopieren

Beschreibung

Jeder Schüler erhält eine der auf S. 14 abgedruckten Tabellen sowie einen Würfel.
Dann würfelt er. Hat er z.B. eine Vier, dann muss er ein Wort aus der vierten Tabellenspalte auswählen, sich gut einprägen und aus dem Gedächtnis in sein Heft schreiben. Dabei darf er nicht noch einmal in der Tabelle nachschauen. Würfelt er eine Fünf, ist ein Wort aus der fünften Spalte an der Reihe usw.
Die bereits aufgeschriebenen Wörter werden in der Tabelle durchgestrichen. Das Spiel dauert so lange, bis jeder Schüler mindestens aus einer Spalte alle Wörter aufgeschrieben hat.

Variante(n)

Die Schüler bekommen Blankotabellen und tragen dort in Partnerarbeit Wörter ein, die ein bestimmtes Rechtschreibphänomen aufweisen. Diese Tabelle tauschen sie mit einem anderen Paar. Danach geht es weiter wie oben beschrieben, allerdings würfeln die beiden Spieler abwechselnd.

Hinweis(e)

Für rechtschreibschwache Schüler ist es sinnvoll, Tabellen zu benutzen, die nur Wörter in einer Schreibweise (also ausschließlich *ä* oder *ss*, keine Mischungen wie *e/ä* oder *ß/ss*) enthalten. Durch dieses Spiel üben sie die Schreibweise schwieriger Wörter und können sich einprägen, welche Wörter zu der gerade bearbeiteten Gruppe gehören.

Würfeldiktat

Kopiervorlage

Vorlage zu ä/e

⚀	⚁	⚂	⚃	⚄	⚅
der Bär	bremsen	sich schämen	mittelmäßig	verdrängen	gähnen
nämlich	die Säge	der Beutel	verträumt	gemächlich	der Händler
die Leute	der Käfer	heulen	erbeuten	der Käfer	quälen
die Wende	aufräumen	heute	die Meuterei	quer	die Quelle

Vorlage zu ss/ß

⚀	⚁	⚂	⚃	⚄	⚅
außerdem	schließlich	heiß	hässlich	genießen	draußen
die Nuss	scheußlich	die Nässe	verpassen	äußerlich	der Spieß
der Reisepass	er musste	der Spaß	das Schloss	essbar	genüsslich
stressig	zuverlässig	der Fußball	draußen	der Kuss	abschließen

Vorlage zu wieder/wider

⚀	⚁	⚂	⚃	⚄	⚅
die Wiederholung	widerlich	wiederholt	widerwärtig	widerstreben	der Widerhaken
widerlegen	hin und wieder	der Widerruf	unwiderstehlich	der Widerspruch	die Wiederkehr
der Wiederkäuer	der Widerstand	widersprüchlich	wiederum	sich widersetzen	anwidern
erwidern	das Wiedersehen	wiederfinden	der Widerling	der Widerhall	widersinnig

Blankotabelle für eigene Wortsammlungen

⚀	⚁	⚂	⚃	⚄	⚅

© Verlag an der Ruhr | Autorin: Alexandra Piel | ISBN 978-3-8346-2330-0 | www.verlagruhr.de

Würfelduell

Spielart:	Wortspiel	**Dauer:**	10–15 Minuten
Thema:	gleiche und ähnliche Laute	**Sozialform:**	Partnerarbeit
Ziel:	Rechtschreibsicherheit bei gleichen und ähnlichen Lauten bekommen	**Material:**	pro Team ein Würfel
		Vorbereitung:	/
Klasse:	5.–10. Klasse		

Beschreibung

Jeweils zwei Spieler treten bei diesem Würfelduell gegeneinander an und würfeln abwechselnd. Ein Schüler ist für die geraden, der andere für die ungeraden Zahlen des Würfels zuständig und muss jeweils ein Wort notieren, wenn eine entsprechende Zahl gewürfelt wird.

Wofür die geraden bzw. ungeraden Zahlen stehen, hängt vom Rechtschreibbereich ab, den man trainieren möchte, wie z.B. *ä/e*, *ss/ß* oder doppelter bzw. einfacher Konsonant, mit/ohne Dehnungs-h etc. Die Zuordnung, was gerade bzw. ungerade Zahlen in der aktuellen Spielrunde bedeuten, sollte an der Tafel festgehalten werden.

Wenn z.B. zur Übung der *s*-Laute gespielt wird, muss Schüler A, immer wenn eine ungerade Zahl geworfen wird, ein Wort notieren, das ein *ß* enthält. Wenn eine gerade Zahl gewürfelt wird, schreibt Schüler B ein Wort auf, in dem *ss* vorkommt.

Sie als Spielleiter beenden das Spiel nach fünf bis zehn Minuten. Dann tauschen die beiden Schüler ihre Wortlisten aus und korrigieren sich gegenseitig. Zum Schluss wird gezählt, wer mehr richtige Wörter gefunden hat.

Variante(n)

Die beiden Schüler, die gegeneinander spielen, bekommen jeder einen Würfel und müssen so schnell wie möglich würfeln und passende Wörter notieren. Dazu legen sie eine Tabelle mit zwei Spalten an: Links werden Wörter mit *ß*, rechts die mit *ss* eingetragen. Was für ein Wort er notiert, bestimmt jeder Spieler wie oben beschrieben mit Würfeln. Wenn der Spielleiter das Spiel beendet, korrigieren sich die beiden gegenseitig und zählen, wie viele Wörter richtig aufgeschrieben wurden.

Hinweis(e)

Um bei Zweifelsfällen nachschauen zu können, bekommt jedes Team einen Rechtschreib-Duden.

S-Laute-Bingo™

Lehrerhinweise

Spielart:	Wortspiel	**Dauer:**	10–15 Minuten
Thema:	s-Laute	**Sozialform:**	alle zusammen
Ziel:	Wörter mit verschiedenen s-Lauten finden	**Material:**	je ein Spielfeld (Vorlage S. 17) pro Schüler
Klasse:	5.–7. Klasse	**Vorbereitung:**	Spielfeld kopieren und ausschneiden

Beschreibung

Jeder Schüler bekommt eine Vorlage, in die er im Laufe des Spiels Wörter eintragen soll. Los geht es damit, dass der Spielleiter einen Buchstaben nennt, mit dem das erste Wort beginnen soll. Jeder hat die Wahl, ob er nun ein Wort mit diesem Anfangsbuchstaben und s, ss oder ß an einer passenden Stelle in seinem Spielfeld eintragen will. Er muss sich aber schnell entscheiden, denn der Spielleiter nennt schon bald den nächsten Buchstaben. Die aufgerufenen Anfangsbuchstaben können sich wiederholen, die im Spielfeld eingetragenen Wörter nicht.

Um die Übersicht zu behalten, sollte sich der Spielleiter aufschreiben, welche Buchstaben er bereits genannt hat.

Wer es geschafft hat, für jedes seiner Felder ein Wort zu finden, ruft „Bingo". Der Spielleiter kontrolliert, ob die Karte richtig ausgefüllt wurde. Wenn ja, bekommt der Spieler eine Siegprämie, wenn nicht, wird weitergespielt. Als Siegprämie eignen sich kleine Süßigkeiten, Aufkleber o. Ä., aber auch andere Formen der Belohnung, z. B. dass der Betreffende das nächste Spiel aussuchen darf oder sich ein Lied wünschen kann, das gemeinsam gesungen wird.

Variante(n)

Die Schüler bearbeiten ihre Vorlage in Partnerarbeit, indem sie immer abwechselnd einen Buchstaben vorgeben bzw. ein Wort notieren.

Hinweis(e)

Sie können diese Spielidee sehr vielfältig nutzen. Dafür finden Sie auf S. 17 ein Blankospiel, das mit Symbolen gekennzeichnet ist. Legen Sie vor dem Spielen an der Tafel fest, was die Symbole bedeuten sollen. Ein paar Beispiele:

- Statt s-Lauten kann man auch gut die drei Merkmale lang gesprochener einfacher Vokal, Doppelvokal und Vokal mit Dehnungs-h benutzen.
- Das Spiel lässt sich auch zum Trainieren von Wortarten nutzen, dann müssen die Schüler beispielsweise ein Adverb, eine Präposition oder eine Konjunktion eintragen.

Spielfeld für s-Laute

s	s	s	s
ss	ss	ss	ss
ß	ß	ß	ß
ß	ss	ss	ß

Spielfeld für beliebige Inhalte

© Verlag an der Ruhr | Autorin: Alexandra Piel | ISBN 978-3-8346-2330-0 | www.verlagruhr.de

6er-Diktat

Lehrerhinweise

Spielart:	Lernspiel	**Sozialform:**	Kleingruppen
Thema:	s-Laute	**Material:**	für jede Gruppe ein Satz Wortkarten (Vorlage S. 19) sowie ein Würfel
Ziel:	Schreibung der s-Laute trainieren		
Klasse:	5.–10. Klasse	**Vorbereitung:**	Karten kopieren und ausschneiden
Dauer:	10–15 Minuten		

Beschreibung

Vier bis sechs Schüler bilden eine Kleingruppe und sitzen gemeinsam am Tisch. Jedes Team bekommt einen Satz Karten, die verdeckt auf einen Stapel gelegt werden, sowie einen Würfel. Die Schüler würfeln nun abwechselnd. Wenn jemand eine Sechs erwürfelt, darf er eine Karte vom Stapel ziehen und den anderen die Wörter, die draufstehen, diktieren. Alle Mitspieler schreiben sie auf, anschließend vergleichen sie ihre Schreibweisen miteinander und einigen sich bei jedem Wort auf die, die sie für richtig halten. Zum Schluss wird das Ergebnis mit den Wörtern verglichen, die auf der Karte stehen.

Variante(n)

Daraus lässt sich ein Wettspiel machen, wobei allerdings kein Würfel zum Einsatz kommt: Die Kleingruppe wird in zwei Untergruppen aufteilt, die miteinander wetteifern. Ein Spieler zieht eine Karte und diktiert die Wörter. Alle schreiben mit und einigen sich in ihrer Teilgruppe auf die richtigen Formen. Anschließend überprüft derjenige, der diktiert hat, welche Mannschaft weniger Fehler gemacht hat. Dieses Team bekommt die Karte. Bei Gleichstand erhält keiner ein Kärtchen.
Danach ist der nächste Spieler an der Reihe und diktiert die Wörter von der nächsten Karte. Sieger ist die Gruppe, die die meisten Kärtchen gesammelt hat.

Hinweis(e)

▶ Auf diese Weise lassen sich auch andere Rechtschreibschwierigkeiten, wie lange/kurze Vokale, *chs*-Laute oder *ä/e*, trainieren.
▶ Solche Wortkarten können die Schüler in Partner- oder Kleingruppenarbeit (oder auch als Hausaufgabe!) erstellen. Diese Karten werden später so aufgeteilt, dass niemand mit seinen eigenen Kärtchen spielt.

Spielkarten

❖ der Fußball ❖ schließlich ❖ außerdem ❖ nass ❖ die Klasse	❖ der Kuss ❖ verpassen ❖ außer ❖ süß ❖ die Tasse	❖ der Pass ❖ meistens ❖ das Fenster ❖ die Süßigkeit ❖ draußen	❖ der Strauß ❖ schließen ❖ äußern ❖ er saß ❖ die Masse
❖ der Fuß ❖ scheußlich ❖ die Kiste ❖ die Piste ❖ der Bus	❖ der Schlüssel ❖ dreißig ❖ müssen ❖ er vergaß ❖ die Taste	❖ die Schüssel ❖ meist ❖ der Mais ❖ er reiste ❖ der Gruß	❖ beißen ❖ das Größte ❖ der Laster ❖ die Pastete ❖ der Spaß
❖ mittelmäßig ❖ bloß ❖ der Globus ❖ die Soße ❖ das Muster	❖ das Messer ❖ vergesslich ❖ der Spieß ❖ schießen ❖ der Besserwisser	❖ der Reis ❖ der Meister ❖ heiß ❖ das Gewissen ❖ ein bisschen	❖ unermesslich ❖ stressig ❖ weiß ❖ das Verlies ❖ der Hass
❖ die Süßigkeit ❖ das Raster ❖ der Schweiß ❖ der Strasssstein ❖ der Pastor	❖ begrüßen ❖ die Rast ❖ müßig ❖ erstklassig ❖ der Fußgänger	❖ er verließ ❖ er aß ❖ er genoss ❖ er stieß ❖ er verpasste	❖ das Ass ❖ lässig ❖ schließlich ❖ interessant ❖ blass
❖ die Straße ❖ kross ❖ die Kruste ❖ zuverlässig ❖ mäßig	❖ das Plastik ❖ das Mus ❖ der Schuss ❖ lustig ❖ das Gewässer	❖ die Walnuss ❖ abfließen ❖ er beschloss ❖ sodass ❖ hässlich	❖ der Fluss ❖ der Fußtritt ❖ der Biss ❖ heißen ❖ klassisch

© Verlag an der Ruhr | Autorin: Alexandra Piel | ISBN 978-3-8346-2330-0 | www.verlagruhr.de

Tick Tack Bumm™

Lehrerhinweise

Spielart:	Wortspiel	**Sozialform:**	Gruppen mit maximal 10 Schülern
Thema:	Vor- und Nachsilben, Groß- und Kleinschreibung	**Material:**	pro Team ein Küchenwecker, der in einen Waschhandschuh eingewickelt wird (= „Bombe"), ein Satz Karten mit Vor- und Nachsilben (Vorlage S. 21)
Ziel:	Wörter mit bestimmten Vor- oder Nachsilben sammeln		
Klasse:	5.–8. Klasse		
Dauer:	10–15 Minuten	**Vorbereitung:**	Karten kopieren und ausschneiden

Beschreibung

Jedes Team steht oder sitzt in einem Kreis. Die Karten liegen alle verdeckt in der Mitte. Der erste Spieler zieht eine davon und bekommt die „Bombe" in die Hand. Er stellt den Küchenwecker auf eine Zeit zwischen 30 Sekunden und 1,5 Minuten und wickelt ihn in dem Waschhandschuh ein, damit nicht zu sehen ist, wie lange er noch läuft.

Der Spieler muss so schnell wie möglich einen Begriff nennen, der die auf der Karte stehende Vor- oder Nachsilbe enthält, und dann die Aufgabenkarte sowie die „Bombe" an seinen Nachbarn weitergeben. Dieser muss ebenfalls ein passendes Wort rufen und wiederum die „Bombe" weiterreichen usw. Dabei ist es nicht erlaubt, Wörter zu wiederholen. Jeder Spieler muss die „Bombe" behalten, bis er ein neues Wort gefunden hat. Verlierer ist der, der sie in der Hand hält, wenn sie „explodiert" (der Wecker klingelt). Der Betreffende bekommt einen Strafpunkt, darf aber die nächste Runde mit einer neuen Karte beginnen.

Variante(n)

Statt Vor- und Nachsilben werden den Schülern Kategorien, wie „Berufe", „Obstsorten", „im Badezimmer", vorgegeben (siehe S. 21), und sie müssen Begriffe zu dem jeweiligen Wortfeld finden. So lässt sich das Spiel sehr gut im Fremdsprachenunterricht einsetzen.

Hinweis(e)

Wer bei diesem Spiel gewinnt, ist Glückssache, denn es kann möglich sein, dass die „Bombe" explodiert, obwohl jemand bereits ein Wort genannt hat. Wenn er sie aber noch nicht an den folgenden Spieler weitergereicht hat, erhält er einen Strafpunkt.

Reflexion

▸ Welche Nachsilben signalisieren Groß- bzw. Kleinschreibung?
▸ Welche Verben findet ihr mit der gleichen Vorsilbe?

Karten mit Vor- bzw. Nachsilben ✂

…HEIT	…KEIT	…SCHAFT	…LING	…BAR
…LOS	…UNG	…LICH	…REICH	…TÄT
BE…	VER…	AB…	ZU…	MIT…
VOR…	BE…	ZER…	FORT…	WIEDER…

Karten mit Kategorien ✂

SPORTART	GEMÜSE	FARBE	BERUF	STADT
FLUSS	ADJEKTIV	ETWAS ROTES	ETWAS WEICHES	IN DER KÜCHE
IN DER SCHULE	LAND	SÄUGE-TIER	FISCH	PFLANZE
KLEIDUNG	SPRACHE	POLITIKER	SPORTLER	AUTOR

© Verlag an der Ruhr | Autorin: Alexandra Piel | ISBN 978-3-8346-2330-0 | www.verlagruhr.de

Anwachsende Wörter

Lehrerhinweise

Spielart:	Wortspiel	**Dauer:**	5–10 Minuten
Thema:	Rechtschreibtraining allgemein	**Sozialform:**	Kleingruppen
Ziel:	Wörter mit bestimmten Buchstaben finden	**Material:**	/
		Vorbereitung:	/
Klasse:	5.–10. Klasse		

Beschreibung

Die Schüler bilden Gruppen mit vier bis sechs Personen. Ein Spieler schreibt sich ein (längeres) Wort auf, das herausgefunden werden soll, z.B. „Stehlampe", und nennt den ersten Buchstaben, „S". Dann muss jeder der Schüler reihum ebenfalls ein Wort sagen, das mit „S" beginnt. Wenn das Ausgangswort dabei noch nicht genannt wurde, verrät der Schüler in der nächsten Runde den nächsten Buchstaben, „T". Nun müssen alle Wörter aufzählen, die mit „ST" beginnen. So geht es mit den folgenden Buchstaben weiter, bis die Mitspieler den Begriff erraten haben.

Wenn jemandem nichts mehr einfällt, scheidet er für diese Runde aus. Ebenso scheidet aus, wer beim Buchstabieren einen Fehler macht.

Variante(n)

Man kann daraus auch ein Schreibspiel machen, bei dem alle zugleich gefordert sind: Jeder Schüler in der Gruppe schreibt ein längeres Wort auf einen Zettel, den er so hinlegt, dass die Mitspieler es nicht lesen können. Dann notiert er den ersten Buchstaben seines Wortes auf einem anderen Blatt Papier, das er anschließend an den nächsten Spieler weitergibt. Dieser schreibt – ebenfalls auf einen Zettel, der bei ihm verbleibt – ein Wort auf, das mit diesem Buchstaben beginnt, und ergänzt dann auf dem Spielblatt den zweiten Buchstaben des Wortes. Es wird nun an den Nächsten weitergereicht, der ebenfalls ein Wort aufschreiben und auf dem Blatt den dritten Buchstaben ergänzen muss, und so weiter. Wem nichts mehr einfällt, der gibt das Blatt an den folgenden Spieler weiter.

Hinweis(e)

Schwieriger wird es, wenn die Wortart (Substantiv, Verb oder Adjektiv) vorgegeben wird und nur Wörter aus dieser Gruppe genannt werden dürfen.

Wer hat die meisten Buchstaben?

Spielart:	Schreibspiel	**Dauer:**	5–10 Minuten
Thema:	Rechtschreibtraining allgemein	**Sozialform:**	Einzel- oder Partnerarbeit
Ziel:	Sätze nach Vorgaben bilden	**Material:**	Sanduhr, Gong o.Ä.
Klasse:	5.–8. Klasse	**Vorbereitung:**	/

Beschreibung

Die Schüler sollen innerhalb einer bestimmten Zeit (Sanduhr) einen möglichst langen Satz bilden, in dem ein bestimmter Buchstabe so oft wie möglich vorkommt. Für jeden dieser Buchstaben bekommen die Spieler einen Punkt, allerdings werden nur vollständige Sätze belohnt. Der Spielleiter weist mit einem akustischen Signal (Gong) auf das nahende Ende der Schreibzeit hin. Das heißt, die Schüler haben dann z.B. noch 30 Sekunden Zeit, um ihren Satz zu beenden.

Ein Beispiel: Der Buchstabe *B* wurde festgelegt. Schüler A schreibt: „Berta braucht bald braune und blaue Blechbüchsen." Dafür bekommt er sieben Punkte. Schüler B schreibt: „Aber bitterböse beißt Bernds Bruder ins labberige Butterbrot." (zehn Punkte).

Nach der Punktevergabe gibt der Spielleiter den nächsten Buchstaben vor.

Variante(n)

Wenn die Sanduhr abgelaufen ist, kommen die Schüler zu Paaren oder 4er-Gruppen zusammen, lesen sich gegenseitig ihre Sätze vor und versuchen gemeinsam, einen neuen Satz zu finden, in dem der betreffende Buchstabe noch häufiger vorkommt. Dazu lässt ihnen der Spielleiter eine Minute Zeit.

Hinweis(e)

Die zur Verfügung stehende Zeit kann je nach Schnelligkeit und Einfallsreichtum der Lerngruppe variiert werden. Nützlich für den Spielleiter ist eine Sammlung von Sanduhren mit unterschiedlicher Laufzeit (30 Sekunden, eine, zwei, fünf und zehn Minuten), die als Set im Handel erhältlich ist.

ABC-Salat

Lehrerhinweise

Spielart:	Ratespiel	**Dauer:**	5–10 Minuten
Thema:	Rechtschreibtraining allgemein	**Sozialform:**	alle zusammen
Ziel:	Rechtschreibung schwieriger Wörter üben, evtl. Lernwortschatz trainieren	**Material:**	ggf. Wortkarten mit schwierigen (Lern)Wörtern
Klasse:	5.–8. Klasse	**Vorbereitung:**	ggf. Wortkarten erstellen

Beschreibung

Jeder Schüler notiert ein längeres Wort mit mindestens acht Buchstaben auf einem Zettel und ordnet dessen Buchstaben alphabetisch. Dann beginnt der erste Spieler und nennt in alphabetischer Reihenfolge die Buchstaben, die in seinem Begriff vorkommen, z.B. *C, F, G, H, I, K, N, O, Ö, R, S*. Die anderen schreiben sich die Buchstaben auf und versuchen, so schnell wie möglich das Ausgangswort (hier: „Froschkönig") herauszufinden. Wer das Wort als Erstes erraten hat, schreibt es an die Tafel und buchstabiert das nächste.

Variante(n)

Um gezielt Wörter aus dem Lernwortschatz zu üben oder an bestimmten Rechtschreib-schwierigkeiten zu arbeiten, können Sie vorher Wortkarten erstellen. Jeder Schüler bekommt dazu eine solche Wortkarte und zählt die darin vorkommenden Buchstaben in alphabetischer Reihenfolge auf. Der weitere Spielverlauf ist wie oben beschrieben.

Hinweis(e)

Um die Aktivität der einzelnen Schüler zu erhöhen, lässt sich daraus auch ein Partnerspiel machen.

Wortfinder

Spielart:	Wortspiel	**Dauer:**	5–10 Minuten
Thema:	Rechtschreibtraining allgemein	**Sozialform:**	Kleingruppen
Ziel:	Buchstabieren üben, passende Wörter für eine Wortkette finden	**Material:**	/
		Vorbereitung:	/
Klasse:	5.–8. Klasse		

Beschreibung

Die Spieler sitzen in Kleingruppen zusammen an einem Tisch. Ein beliebiges Wort dient als Ausgangspunkt für dieses Spiel, z.B. „Ferien". Der Startspieler nennt eine Zahl zwischen Eins und Sechs (weil das Wort „Ferien" sechs Buchstaben hat. Die Zahl darf nicht höher sein als die Anzahl der Buchstaben im Wort). Sagt er z.B. „Zwei", muss der nächste Spieler ein Wort finden, das mit dem zweiten Buchstaben von „Ferien", also einem „e", anfängt. Dieser nennt beispielsweise „Elefant" und als Zahl „Sieben". Nun muss der folgende Schüler ein Wort mit „t" rufen.

Wer einen Fehler dabei macht, indem er eine höhere Zahl nennt, als das Wort Buchstaben hat, oder mit dem falschen Buchstaben einen Begriff sagt, scheidet aus.

Variante(n)

Auf folgende Weise lässt sich das Spiel erschweren: Statt einfach ein beliebiges Wort zu nennen, muss der jeweilige Spieler vorher mit zwei Würfeln werfen, um die Buchstaben-zahl des gesuchten Wortes zu ermitteln. Falls er kein Wort findet, scheidet er für diese Runde aus.

Ein Beispiel: „Ferien" – genannt wird „Zwei" – deshalb muss das nächste Wort mit „e" beginnen. Der Spieler wirft eine „Vier". Zulässige Wörter mit vier Buchstaben wären beispielsweise „Eber", „Egel", „eben", „echt" oder „eine".

Hinweis(e)

Das Spiel lässt sich gut mit dem Training von Wortarten verknüpfen. Man kann beispielsweise festlegen, dass nur Adjektive oder Substantive genannt werden dürfen.

Ausschlussprinzip

Lehrerhinweise

Spielart:	Ratespiel	**Dauer:**	5 Minuten
Thema:	Rechtschreibung allgemein	**Sozialform:**	alle zusammen
Ziel:	Trainieren von bestimmten Rechtschreibphänomenen	**Material:**	/
		Vorbereitung:	/
Klasse:	5.–8. Klasse		

Beschreibung

In diesem Spiel geht es um ein Kaufhaus, in dem man nur bestimmte Sachen kaufen kann. Welche das sind, müssen zwei Schüler erraten. Diese verlassen den Klassenraum und warten vor der Tür, bis sie wieder hineingebeten werden. Drinnen einigen sich die anderen auf ein sprachliches Merkmal, das für die Dinge gilt, die man in diesem Kaufhaus bekommt. Denkbar wäre z.B. ein bestimmter Anfangsbuchstabe, eine gewisse Silbenzahl oder die Bedingung, dass das Wort ein Dehnungs-*h*, *ss* oder *ö* enthalten muss.

Wenn die beiden wieder hereinkommen, müssen sie danach fragen, ob es bestimmte Gegenstände in diesem fiktiven Warenhaus gibt, z.B.: „Gibt es dort Kartoffeln?", „Kann man dort Papier kaufen?" oder „Bekomme ich dort Bretter?" Wäre beispielsweise vorher festgelegt worden, dass die Waren alle einen Doppelkonsonanten enthalten müssen, würde die Klasse sagen, dass man Kartoffeln und Bretter bekommt, aber Papier nicht erhältlich ist. Sobald einer der beiden ratenden Schüler eine Idee hat, was das Ausschlusskriterium sein könnte, kann er einen Tipp abgeben. Die Spielrunde endet, wenn richtig geraten wurde.

Variante(n)

Damit die einzelnen Schüler aktiver beteiligt sind, kann man das Spiel auch gut in Kleingruppen spielen.

Hinweis(e)

Gerade im Fremdsprachenunterricht lässt sich das Spiel super beim Wortschatztraining einsetzen. Man könnte z.B. eine bestimmte Farbe oder einen Oberbegriff, wie „Gemüsesorte" oder „Kleidungsstück", als Ausschlusskriterium zu Grunde legen.

Wörter-Kim™

Spielart:	Lernspiel	**Klasse:**	5.–10. Klasse
Thema:	Rechtschreibtraining allgemein	**Dauer:**	5 Minuten
Ziel:	Einprägen von Wörtern mit besonders schwieriger Schreibweise, Training der Merkfähigkeit	**Sozialform:**	alle zusammen
		Material:	Stopp- oder Sanduhr
		Vorbereitung:	/

Beschreibung

Sie als Spielleiter schreiben untereinander auf Zuruf aus der Klasse zehn Wörter aus dem aktuellen Lernwortschatz in die Mitte der Tafel. Die Schüler haben nun eine Minute Zeit (Stoppuhr), sich die Wörter und insbesondere ihre Schreibweise einzuprägen. Danach wird die Tafel zugeklappt, und jeder schreibt so viele dieser Begriffe in sein Heft, wie ihm einfallen.

Zur Kontrolle wird anschließend die Tafel wieder geöffnet, und jeder korrigiert die Wörterliste seines Nachbarn.

Einige Beispiele für schwierige Wörter:

- *nämlich*
- *der Arzt*
- *allmählich*
- *plötzlich*
- *vielleicht*
- *der Widerspruch*
- *der Rhythmus*
- *jetzt*
- *der Reißverschluss*
- *die Maschine*

Variante(n)

Die Schüler bereiten in Kleingruppen entsprechende Wörterlisten vor.
Einer von ihnen übernimmt die Leitung des Spiels mit der gesamten Lerngruppe.

Hinweis(e)

Statt wie im Beispiel Wörter mit ganz unterschiedlichen Rechtschreibschwierigkeiten zu benutzen, können Sie sich auch auf einen Schwerpunkt, wie s-Laute, beschränken.

Reflexion

Interessant ist anschließend ein Gespräch mit den Schülern über die Merktechniken, die sie angewandt haben, um die Wörter im Gedächtnis zu behalten.

Das Superquiz

Lehrerhinweise

Spielart:	Lernspiel	**Sozialform:**	alle zusammen
Thema:	Rechtschreibung allgemein	**Material:**	selbsterstellte Quiztabelle (siehe unten), ein akustisches Signal (Gong oder Quietschtier) für jede Gruppe, Fragen S. 29/30
Ziel:	Rechtschreibung und Regeln wiederholen		
Klasse:	5.–10. Klasse	**Vorbereitung:**	Spielkarten kopieren und ausschneiden, Quiztabelle vorbereiten
Dauer:	15–20 Minuten		

Beschreibung

Eine Quiztabelle wird auf die Wand projiziert oder einfach an die Tafel gemalt. Zu jedem der darin vorkommenden fünf Bereiche der Rechtschreibung gibt es fünf Fragen. Je nach Schwierigkeitsgrad sind diese unterschiedlich viele Punkte wert. Auf Seite 29 f. finden Sie Fragen in drei verschiedenen Niveaustufen sowie Lösungen.

langer/kurzer Vokal	gleiche und ähnliche Laute	s-Laute	Groß- und Kleinschreibung	Fremdwörter
10	10	10	10	10
20	20	20	20	20
40	40	40	40	40
60	60	60	60	60
100	100	100	100	100

Bei diesem Quiz treten Kleingruppen miteinander in den Wettbewerb. Der Spielleiter präsentiert die erste Aufgabe. Die Gruppe, die am schnellsten ein akustisches Signal gibt, antwortet darauf. Wenn die Antwort richtig ist, bekommt das Team die entsprechende Punktzahl, mit der die Frage dotiert ist, gutgeschrieben, war sie falsch, werden die Punkte abgezogen.

Dann darf diese Mannschaft die nächste Themenkategorie und den Wert der Frage vorgeben. Wiederum antwortet das Team, das zuerst ein Signal gibt.

Variante(n)

Das Spiel kann auch in Kleingruppen am Tisch gespielt werden. In diesem Fall spielt jeder Schüler gegen jeden. Eines der Gruppenmitglieder übernimmt die Rolle des Spielleiters und liest die Aufgabenkärtchen vor.

Das Superquiz

Fragensatz 1 (einfach)

Langer/kurzer Vokal

10: Wie viele Konsonanten folgen mindestens auf einen kurzen Vokal? (zwei)

20: Welches Wort gehört nicht dazu: Zeh, Mehl, stehlen, Bett (Bett wegen kurzem Vokal)

40: Nenne drei Wörter, die einen Doppelvokal enthalten. (z.B. Tee, Saal, Aal, Boot, Beere)

60: Finde drei Wortpaare, von denen ein Wort einen kurzen, eins einen langen Vokal hat (z.B. offen/Ofen, Wahl/Wall, prahlen/prall)

100: Schreibe: Schnecken sind eine schreckliche Plage, denn sie fressen Felder kahl.

Gleiche und ähnliche Laute

10: Welche Gemeinsamkeit haben Wörter wie Benzin, Mandarine und Vitamin? (-i wird lang gesprochen, aber nicht -ie geschrieben)

20: Nenne drei Tiere, die *chs* enthalten. (Lachs, Luchs, Fuchs, Echse, Ochse, Dachs)

40: In welchen Wörtern steht kein *ä*? Käse, Leute, Bär, Beutel, Scheune, Fehler, Zähne

60: Nenne drei Wörter, die mit *wider-* anfangen. (z.B. Widerstand, widersprechen, widerlich, anwidern)

100: Schreibe: Foto, Vanille, Graf, Nerv, Fabel, vielfach, Volk, Hof, fertig

S-Laute

10: Nenne eine Präteritumsform mit *ss*. (z.B. musste, küsste, verpasste)

20: Welches Wort gehört nicht dazu? Schluss, Fußball, Kuss, Nuss (Fußball wegen -ß)

40: Bilde einen Satz, in dem einmal „dass" vorkommt.

60: Finde ein Wort, in dem drei *s* hintereinander vorkommen. (z.B. Strassstein, Passstraße, Nussschokolade)

100: Schreibe: Er ärgert sich, dass er den Bus verpasst hat.

Groß- und Kleinschreibung

10: Wann schreibt man „ein Paar" groß, wann klein? (ein Paar = zwei, z.B. ein Paar Schuhe, ein paar = einige)

20: Bilde einen Satz, in dem ein substantiviertes Verb vorkommt. (z.B. Beim Lesen kann ich mich gut entspannen.)

40: Nenne fünf Nachsilben, die signalisieren, dass ein Wort groß geschrieben wird. (z.B. -heit, -keit, -ung, -schaft, -tät)

60: Was wird kleingeschrieben? Schmetterling, fürchterlich, heilsam, beim Essen, irgendwo, Eis

100: Schreibe: Wir haben beim Wandern viel Interessantes gesehen und etwas Neues gelernt.

Fremdwörter

10: Buchstabiere das Wort „Rhythmus".

20: Nenne ein Fremdwort, das mit V beginnt. (z.B. Villa, Veranda, Ventilator)

40: Was bedeutet „Synonym"? (Wort mit gleicher Bedeutung, z.B. schön/hübsch)

60: Nenne die Pluralformen folgender Fremdwörter: Museum, Praktikum, Kaktus (Museen, Praktika, Kakteen)

100: Schreibe: Asphalt, Petroleum, Benzin und Kerosin werden aus Erdöl hergestellt.

Fragensatz 2 (mittel)

Langer/kurzer Vokal

10: Wodurch unterscheiden sich die Wörter Saal und Zahl in ihrer Schreibweise? (langer Vokal einmal mit Doppelvokal, einmal mit Dehnungs-*h*)

20: Welches Wort gehört nicht dazu? See, Mehl, Gel, Fell (Fell: kurzer Vokal)

40: Nenne fünf Wörter, die einen Doppelvokal enthalten. (z.B. Meer, Tee, Saal, Aal, Boot, Beere, leer)

60: Finde fünf Wortpaare, von denen ein Wort einen kurzen, eins einen langen Vokal hat (z.B. offen/Ofen, Wahl/Wall, prahlen/prall, Fall/fahl, kann/Kahn, Höhle/Hölle)

100: Schreibe: Schnecken sind eine schreckliche Plage, denn sie fressen Felder kahl.

Gleiche und ähnliche Laute

10: Nenne drei Wörter, die ein langes *i* enthalten, das nicht *ie* geschrieben wird. (z.B. Benzin, Mandarine, Margarine, Petersilie, Kerosin)

20: Nenne vier Tiere, die *chs* enthalten. (Lachs, Luchs, Fuchs, Echse, Ochse, Dachs)

40: In welchen Wörtern steht kein *ä*? Käse, Leute, Bär, Beutel, Scheune, Beute, Ehre, Fehler, Zähne

60: Nenne fünf Wörter, die mit *wider* anfangen. (z.B. widerlich, erwidern, anwidern, Widerling, widerwärtig)

100: Schreibe: Foto, Vanille, Graf, Nerv, Phase, Fabel, vielfach, Volk, Hof, fertig, Villa, fünf

S-Laute

10: Nenne zwei Präteritumsformen mit *ss*. (z.B. passte, hasste, musste)

20: Welches Wort gehört nicht dazu? Walnuss, Gruß, nass, Stress (Gruß wegen -ß)

40: Bilde einen Satz, in dem einmal „das" und einmal „dass" vorkommt. (z.B. Es freut mich, dass du das geschafft hast.)

60: Finde ein Wort, in dem sowohl *ss* als auch *ß* vorkommt. (Reißverschluss)

100: Schreibe: Dass er den Bus verpasst hat, findet er grässlich ärgerlich.

© Verlag an der Ruhr | Autorin: Alexandra Piel | ISBN 978-3-8346-2330-0 | www.verlagruhr.de

Das Superquiz

Kopiervorlage 2/2

Groß- und Kleinschreibung

10: Wann werden Verben groß geschrieben?
(Wenn sie substantiviert werden, z.B. das Schreiben, beim Schreiben, zum Schreiben)

20: Bilde einen Satz, in dem ein substantiviertes Verb vorkommt. (Wir fahren oft zum Schwimmen.)

40: Nenne sieben Nachsilben, die signalisieren, dass ein Wort groß geschrieben wird. (z.B. -heit, -keit, -ung, -schaft, -tät, -tum, -mus, -nis)

60: Was wird kleingeschrieben? alles Gute, zum Trinken, ziellos, stabil, irgendwann, Bote, das Beste

100: Schreibe: Beim Wandern haben wir viel Neues gesehen und ein paar nette Leute kennengelernt.

Fremdwörter

10: Buchstabiere die eingedeutschte Form von „Portemonnaie" (Portmonee)

20: Finde drei Fremdwörter, die mit *V* beginnen. (z.B. Villa, Veranda, Video, Vision)

40: Was bedeutet „Profit"? (Gewinn, Ertrag)

60: Nenne die Pluralformen folgender Fremdwörter: Museum, Praktikum, Kaktus, Zyklus, Rhythmus (Museen, Praktika, Kakteen, Zyklen, Rhythmen)

100: Schreibe: Beim Bau der extrem hohen Pyramiden in Ägypten ist eine Katastrophe geschehen.

Fragensatz 3 (schwierig)

Langer/kurzer Vokal

10: Wodurch unterscheiden sich die Wörter Saal, Zahl und Tal in ihrer Schreibweise? (langer Vokal einmal mit Doppelvokal, einmal mit Dehnungs-*h*, einmal einfacher Vokal)

20: Welches Wort gehört nicht dazu? Stahl – holen – See – Locke (Locke, denn das ist ein kurzer Vokal)

40: Nenne sieben Wörter, die einen Doppelvokal enthalten. (z.B. Meer, Tee, Saal, Aal, Boot, Beere, leer, Moor, Kaffee)

60: Finde acht Wortpaare, von denen ein Wort einen kurzen, eins einen langen Vokal hat. (z.B. offen/Ofen, Wahl/Wall, prahlen/prall, Fall/fahl, kann/Kahn, Höhle/Hölle, Beet/Bett, Masse/Maße)

100: Schreibe: Schnecken sind wohl eine schreckliche Plage, denn sie fressen überall Felder kahl.

Gleiche und ähnliche Laute

10: Nenne fünf Wörter, die ein langes *i* enthalten, das nicht *ie* geschrieben wird. (z.B. Benzin, Vitamin, Mandarine, Apfelsine, Nektarine, Kerosin, alpin)

20: Nenne fünf Tiere, die *chs* enthalten. (Lachs, Luchs, Dachs, Echse, Ochse)

40: In welchen Wörtern steht kein *ä*? Käse, säen, Leute, Bär, Beutel, Scheune, Lärche, Fehler, Zähne

60: Nenne sieben Wörter, die mit *wider-* anfangen. (erwidern, anwidern, Widerstand, widerlich, unwiderstehlich, widerwärtig, Widerhall, Erwiderung)

100: Schreibe: Vitrine, Vanille, Graf, Nerv, Phase, Fabel, vielfach, Katastrophe, Volk, Hof, fertig, Villa

S-Laute

10: Nenne drei Präteritumsformen mit *ss*. (verpasste, musste, küsste)

20: Welches Wort gehört nicht dazu? außerdem, Spieß, Spaß, verpasste (verpasste, das *a* ist ein kurzer Vokal)

40: Finde ein Verb, das sowohl Zeitformen mit *ss* als auch *ß* bildet. (lassen – ließ – gelassen)

60: Bilde einen Satz, in dem 2-mal „das" und einmal „dass" vorkommt. (z.B. Ich hoffe, dass ich das Mädchen, das gegenüber wohnt, einmal auf der Straße treffe.)

100: Schreibe: Dass er den Bus verpasst hat, das findet er grässlich ärgerlich.

Groß- und Kleinschreibung

10: Wann werden Adjektive großgeschrieben?
(Wenn sie substantiviert werden: etwas Neues, das Schöne, wenig Gutes)

20: Bilde einen Satz, in dem ein substantiviertes Verb vorkommt. (z.B. Zum Lernen habe ich manchmal gar keine Lust.)

40: Nenne sieben Nachsilben, die signalisieren, dass ein Wort groß geschrieben wird. (z.B. -heit, -keit, -ung, -schaft, -tät, -tum, -mus, -nis)

60: Was wird kleingeschrieben? die anderen, rückwärts, Absurdität, nichts Neues, für dich

100: Beim Wandern haben die beiden viel Schönes gesehen und ein paar neue Freunde gefunden.

Fremdwörter

10: Buchstabiere das Wort „Enzyklopädie".

20: Finde fünf Fremdwörter, die mit *V* beginnen. (Veteran, Veterinär, visuell, Vita, Videothek)

40: Was bedeutet „synchron"? (gleichzeitig)

60: Nenne die Pluralformen folgender Fremdwörter: Atlas, Praktikum, Kaktus, Fötus, Tornado, Globus (Atlanten, Praktika, Kakteen, Föten, Tornados, Globen)

100: Schreibe: Wir mögen gern Crêpes mit Nugatcreme, Tagliatelle mit Ketschup sowie Kartoffelpüree.

© Verlag an der Ruhr | Autorin: Alexandra Piel | ISBN 978-3-8346-2330-0 | www.verlagruhr.de

Wortarten-ABC

Spielart:	Wortspiel	**Dauer:**	10–15 Minuten
Thema:	Wortarten	**Sozialform:**	Einzel- oder Partnerarbeit
Ziel:	Beispiele für verschiedene Wortarten finden	**Material:**	/
		Vorbereitung:	/
Klasse:	5.–7. Klasse		

Beschreibung

Jeder Schüler schreibt die Buchstaben des Alphabets senkrecht untereinander auf ein Blatt Papier. Danach notiert er entsprechend der jeweiligen Aufgabenstellung zu jedem Buchstaben ein Wort. Dabei gilt es, die in der Aufgabe vorgeschriebene Anzahl von Wörtern pro Wortart zu berücksichtigen. Zwei Beispiele:

einfach: *5 Adjektive, 2 Adverbien, 3 Konjunktionen, 4 Präpositionen, 4 Pronomen, 5 Substantive, 3 Verben*

schwieriger: *1 Adjektiv, 5 Adverbien, 6 Konjunktionen, 6 Präpositionen, 5 Pronomen, 2 Substantive, 1 Verb*

Während des Spiels können die Schüler, so oft sie wollen, ihre Wörter wieder durchstreichen und stattdessen andere notieren, bis sie ihre Liste vervollständigt und wirklich zu jedem Buchstaben ein Wort gefunden haben. Wenn die ersten Schüler fertig sind, können alle in Kleingruppen vergleichen, welche Präpositionen, Konjunktionen etc. sie aufgeschrieben haben. Wem in seiner Liste noch etwas fehlt, der kann sie nun komplettieren.

Variante(n)

Jeder Schüler schreibt zehn beliebige Buchstaben untereinander auf einen Zettel. Der Spielleiter nennt nach und nach Wortarten, z.B. „Adjektiv", „Verb", „Verb", „Präposition" usw. Entsprechend notiert jeder ein Wort der genannten Gruppe bei einem seiner Buchstaben. Nach zehn Runden sollte er möglichst in jeder Reihe ein Wort stehen haben.

Hinweis(e)

Falls sich die Schüler mit dem Ausfüllen des ABC schwertun, können Sie ihnen den Tipp geben, zunächst Wortarten wie Konjunktionen oder Pronomen einzutragen, weil es davon nur eine begrenzte Anzahl gibt. Für schwierige Buchstaben wie C, Q, X, Y nimmt man am besten Substantive oder Verben. Nach Absprache sind auch Eigennamen erlaubt.

Reflexion

Wie gingen die Schüler beim Ausfüllen des ABC vor? Welche Strategien hatten sie?

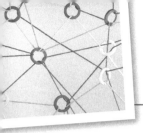

Gleich und Gleich gesellt sich gern

Spielart:	Lernspiel	**Dauer:**	10 Minuten
Thema:	Wortarten	**Sozialform:**	Kleingruppen
Ziel:	Adverbien, Konjunktionen und Präpositionen voneinander unterscheiden	**Material:**	für jede Gruppe einen Satz Karten (Vorlage S. 33 f.)
		Vorbereitung:	Karten kopieren und ausschneiden
Klasse:	5.–8. Klasse		

Beschreibung

Es werden Kleingruppen mit drei bis fünf Schülern gebildet. Jedes Team erhält einen Satz der Karten, die gut gemischt an die Spieler verteilt werden, sodass jeder gleich viele davon bekommt. Diese hält jeder so in der Hand, dass die anderen sie nicht sehen können. Eine Karte befindet sich offen in der Mitte des Tisches, die übrigen werden beiseitegelegt. Der erste Spieler beginnt, er muss nun eine seiner Handkarten an diese Karte anlegen. Dabei darf er entweder eine Karte nehmen, auf der ein Wort derselben Wortart oder eines mit demselben Anfangsbuchstaben steht. Wenn er nicht legen kann, ist der nächste Spieler an der Reihe.

Gewonnen hat, wer als Erster alle seine Karten loswerden konnte. Wenn niemand mehr legen kann, endet das Spiel, und die Karten können neu gemischt werden.

Variante(n)

Das Spiel wird mündlich in Kleingruppen durchgeführt. Dabei fungiert ein Schüler als Spielleiter. Er nennt ein beliebiges Wort, die Mitspieler müssen so schnell wie möglich ein Wort sagen, das entweder mit demselben Buchstaben anfängt oder zur selben Wortart gehört. Der Spieler, der zuerst etwas Passendes vorschlägt, bekommt einen Punkt. Um das nachzuhalten, führt der Spielleiter eine Strichliste und rechnet zum Schluss aus, wer am meisten Punkte hat.

Hinweis(e)

Die Schüler können selbst weitere Kärtchen zu anderen Anfangsbuchstaben oder anderen Wortarten herstellen.

Gleich und Gleich gesellt sich gern

Karten

ob	obwohl	ohne	oben	oder
als	auf	an	aber	außerdem
nach	niemals	abends	abwärts	neben
nachdem	seit	sobald	sehr	so
selten	bevor	bis	bei	besonders

Gleich und Gleich gesellt sich gern

Kopiervorlage 2/2

Karten

wenn	während	weil	wenigstens	wiederum
damit	dort	denn	dann	durch
daneben	darauf	um … zu	unter	um
unten	überhaupt	überall	in	indem
irgendwo	irgendwann	immer	nicht	noch

© Verlag an der Ruhr | Autorin: Alexandra Piel | ISBN 978-3-8346-2330-0 | www.verlagruhr.de

Versteckte Wortarten

Spielart:	Wortspiel	**Dauer:**	15–20 Minuten
Thema:	Wortarten	**Sozialform:**	Einzel- oder Partnerarbeit, danach Kleingruppen
Ziel:	in Wörtern versteckte Wörter finden, Wortarten bestimmen	**Material:**	Gefäße (z.B. kleine Körbe)
Klasse:	5.–7. Klasse	**Vorbereitung:**	/

 ## Beschreibung

Die Schüler sammeln drei Minuten lang in Einzel- oder Partnerarbeit so viele Wörter wie möglich, in denen sich andere Wörter verstecken.

Einige Beispiele:
Widder (der), nicht (ich), erschrecken (Ecke), Warenhaus (war), Tasse (Ass), verweilen (weil), Klavier (vier), Termin (er), Schwein (Wein), schweißen (weiß), Bohne (ohne)

Danach wird die Klasse in vier Mannschaften aufgeteilt, die gegeneinander spielen. Jedes Team sammelt alle gefundenen Wörter in einem Korb. Ein Spieler aus Gruppe A zieht ein Wort aus dem Korb seiner Gruppe. Die Schüler der anderen Teams müssen ein darin verstecktes Wort finden. Wer zuerst ein Wort entdeckt, versucht, die Wortart korrekt zu bestimmen. Dafür gibt es allerdings nur einen Versuch. Das Team, das die Aufgabe richtig gelöst hat, bekommt einen Punkt. Dann zieht jemand aus dieser Gruppe ein Wort für die anderen. So geht es weiter, bis der Spielleiter das Spiel beendet.

 ## Variante(n)

Die Schüler bekommen eine von Ihnen vorbereitete Wortliste und müssen darin die versteckten Wörter markieren sowie deren Wortart bestimmen.

 ## Hinweis(e)

Hilfreich für die Schüler ist eine Liste mit Beispielen für alle Wortarten.

 ## Reflexion

Daran kann sich ein Gespräch über folgende Fragen anschließen:
- Gibt es Wortarten, die sich leichter in einem Wort verstecken lassen? Woran liegt das?
- Wie sind die Schüler bei der anfänglichen Sammlung der Wörter vorgegangen? Haben sie lange Wörter auf darin verborgene Wörter untersucht? Oder haben sie ein kurzes Wort genommen und probiert, es in einem längeren unterzubringen?

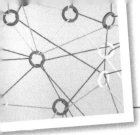

Was macht der denn da?

Lehrerhinweise

Spielart:	Ratespiel	**Dauer:**	5–10 Minuten
Thema:	Imperativ	**Sozialform:**	alle zusammen
Ziel:	Aufträge verstehen, ausführen und verbalisieren	**Material:**	Karten mit Arbeitsaufträgen
		Vorbereitung:	Karten erstellen
Klasse:	5.–7. Klasse		

Beschreibung

Ein Schüler (oder, wenn auf Grund einer Pluralform nötig, mehrere) bekommt eine Karte gezeigt, auf der ein Auftrag steht, z.B. „Setze dich verkehrt herum auf einen Stuhl", „Geht in die linke, vordere Ecke des Klassenraums", „Stelle dich auf das linke Bein, und strecke das rechte Bein nach hinten", etc. Der bzw. die Spieler führt/führen diese Aufgabe aus, die Mitschüler müssen möglichst genau benennen, wie der Auftrag hieß.

Hinweis(e)

Das Spiel lässt sich gut mit dem Aufräumen des Klassenzimmers verbinden: Dazu bekommen die Schüler solche Arbeitsaufträge wie „Putze die Tafel mit deiner linken Hand. Stelle dich dabei auf das rechte Bein", oder „Gehe mit fünf Schritten zum Regal, und lege ein Buch in das mittlere Fach".
Auch humorvolle Anweisungen, wie „Ziehe drei Kleidungsstücke deiner Mitschüler an, und öffne das Fenster" oder „Hüpfe wie ein Frosch einmal um das Pult herum", sind denkbar.

Reflexion

Nach dem Spiel können Sie mit den Schülern die Bildung der Imperativformen besprechen und auf Unregelmäßigkeiten, wie z.B. geben – gib/gebt oder sehen – sieh/seht, hinweisen.

Verben-Rennen

Spielart:	Lernspiel	**Sozialform:**	alle zusammen
Thema:	Zeitformen der Verben	**Material:**	Quietschente oder Hundespielzeug, das ein Geräusch beim Draufdrücken macht, Würfel, Klebezettel, Gong
Ziel:	Verben in verschiedenen Zeiten konjugieren		
Klasse:	5.–7. Klasse	**Vorbereitung:**	Start- und Ziellinie mit Klebezetteln am Boden markieren
Dauer:	10–15 Minuten		

 ## Beschreibung

Für dieses Spiel braucht man Platz, deshalb eignen sich v.a. Turnhalle oder Schulhof. Die Schüler werden in vier bis sechs gleich große Gruppen aufgeteilt. Alle Spieler eines Teams stellen sich in einer Reihe hintereinander an die Startlinie, die mit Klebezetteln markiert wird. In einiger Entfernung gegenüber ist eine Ziellinie markiert, auf der eine Quietschente o.Ä. liegt. Wenn der Spielleiter mit dem Gong das Startsignal gibt, rennen die jeweils ersten Schüler einer Reihe los, um möglichst als erste die Quietschente zu erreichen. Wer zuerst damit quietscht, darf die folgende Aufgabe bearbeiten. Dafür nennt der Spielleiter den Infinitiv eines Verbs und würfelt 2-mal. Der erste Wurf bestimmt die Zeit, der zweite die Personalform des Verbs, in die der Infinitiv umgeformt werden soll:

1. Wurf	2. Wurf
⚀ Präsens	⚀ ich
⚁ Perfekt	⚁ du
⚂ Präteritum	⚂ er, sie, es
⚃ Plusquamperfekt	⚃ wir
⚄ Futur 1	⚄ ihr
⚅ Futur 2	⚅ sie

Diese Übersicht steht für alle gut lesbar auf einem Plakat. Heißt das Verb z.B. „essen" und wird zuerst eine 5, dann eine 1 gewürfelt, lautet die gesuchte Form „ich werde essen". Wenn der Spieler die richtige Antwort nennt, bekommt seine Gruppe einen Punkt. Anschließend gehen alle zurück zu ihren Teams und stellen sich hinten in der Reihe an. Dann laufen die nächsten Schüler los, um eine neue Aufgabe zu lösen.

 ## Variante(n)

Das Spiel funktioniert auch in Kleingruppen. Dazu sitzen die Schüler um einen Tisch herum. Immer ein Spieler würfelt 2-mal und bestimmt so Zeit und Personalform des Verbs. Das Quietschtier liegt in der Mitte des Tisches. Wer zuerst quietscht, antwortet.

Passiv-Pantomime

Lehrerhinweise

Spielart: Ratespiel	**Sozialform:** alle zusammen
Thema: Passivformen	**Material:** Karten mit Aufgaben (Vorlage S. 39), Sanduhr
Ziel: Bildung von Passivsätzen	**Vorbereitung:** Karten kopieren und ausschneiden
Klasse: 5.–8. Klasse	
Dauer: 10–15 Minuten	

 ## Beschreibung

Ein Spieler kommt im Klassenraum nach vorne und erhält eine Aufgabenkarte. Er muss das, was darauf steht, pantomimisch darstellen. Dazu hat er so lange Zeit, wie die Sanduhr läuft.

Die anderen Schüler schauen zu und raten, was gemacht wird. Das beschreiben sie mit einem vollständigen Passivsatz. Zeigt der Spieler z.B. das Spülen einer Tasse, müssen sie sagen: „Eine/Die Tasse wird von ihm gespült." Auch sinngemäß richtige Antworten, wie „Eine Tasse wurde abgewaschen", sind gültig.

Der Schüler, der zuerst einen passenden, korrekten Satz formuliert hat, darf die nächste Pantomime vorführen.

 ## Hinweis(e)

- Wenn die Schüler beim Raten zu sehr durcheinanderrufen und wahllos Sätze bilden, können Sie eine Zusatzregel einführen: Jeder Spieler bekommt einen Chip (eine Münze, einen Stein o.Ä.), den er abgeben muss, wenn er den ersten Rateversuch unternommen hat. Wer keinen Chip mehr hat, darf in der betreffenden Runde nicht mehr mitraten, bekommt ihn aber im nächsten Durchgang zurück.
- Die Blankokarte auf der nächsten Seite kann von jedem Schüler mit einer eigenen Idee beschriftet und dem Spiel beigefügt werden.

 ## Reflexion

- Die Schüler können die vorgespielten Sätze im Aktiv und Passiv vergleichen: Was verändert sich im Satz?
- Sie können darüber sprechen, wie sich die Passiv-Sätze in den verschiedenen Zeiten voneinander unterscheiden.
- Sie können der Frage nachgehen, ob es auch Sätze gibt, von denen man kein Passiv bilden kann, und welches Beispiele dafür wären.

Passiv-Pantomime

Kopiervorlage

Karten

eine Banane schälen	eine (Wal)Nuss knacken	ein Fahrrad reparieren	eine Konserven-dose öffnen	einen Schnee-mann bauen
eine Katze streicheln	einen Papier-flieger basteln	eine Zeitung lesen	einen Geldschein in Kleingeld wechseln	einen Knopf annähen
eine Brille putzen	einen Luftballon aufblasen	einen Brief frankieren	eine Pflanze gießen	eine Füller-patrone wechseln
einen Regen-schirm aufspannen	Wäsche aufhängen	Papiere lochen	ein Geschenk auspacken	einen Einkauf bezahlen
einen Blumen-strauß überreichen	Gitarre spielen	das Zimmer aufräumen	eine Fahrkarte am Automaten kaufen	. . .

© Verlag an der Ruhr | Autorin: Alexandra Piel | ISBN 978-3-8346-2330-0 | www.verlagruhr.de

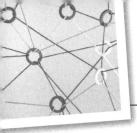

Präteritum–Kette

Spielart:	Wortspiel	**Dauer:**	5 Minuten
Thema:	Präteritumformen	**Sozialform:**	alle zusammen
Ziel:	Verwendung von Präteritumformen	**Material:**	/
		Vorbereitung:	/
Klasse:	5.–7. Klasse		

Beschreibung

Der Spielleiter schreibt eine Präteritumform an die Tafel. Die Schüler ergänzen mündlich nach dem Kettenprinzip so viele Präteritumformen beliebiger Wörter wie möglich, bis der Spielleiter das Spiel beendet. Dabei muss das jeweils neue Wort mit dem letzten Buchstaben des Vorgängers beginnen. Eine Wortwiederholung ist nicht erlaubt.

Ein Beispiel:
ka<u>m</u>
<u>m</u>acht<u>e</u>
<u>e</u>rfan<u>d</u>
<u>d</u>.....

Variante(n)

▶ Daraus lässt sich ein Wettspiel machen: Die Schüler bekommen fünf Minuten Zeit (Stoppuhr!) und sollen in Einzelarbeit so viele Wörter nach dem oben beschriebenen Prinzip notieren, wie ihnen einfallen. Sieger ist derjenige, der die meisten Verbformen gefunden hat.

▶ Solche Kettenspiele eignen sich gut für die Sammlung von Wörtern zu einem Themengebiet, beispielsweise Adjektiven zur Charakterisierung von Personen.

▶ Besonders schwierig sind Kettenspiele, wenn silbenweise gearbeitet wird, z.B. Wie-<u>se</u>, <u>Se</u>-kun-<u>de</u>, <u>De</u>-mo-kra-<u>tie</u> usw.

Hinweis(e)

Einige der gesammelten Verbformen können den Schülern als Stichworte für eine Reizwort-Geschichte dienen.

Zusammengesetzte Substantive

Spielart:	Wortspiel	**Sozialform:**	Kleingruppen
Thema:	zusammengesetzte Substantive	**Material:**	für jede Gruppe: ca. 20 Buchstabenkarten (z.B. aus dem Spiel Scrabble™), drei Karten mit „der", „die", „das"
Ziel:	Artikelzuordnung, Wortbildung		
Klasse:	5.–8. Klasse		
Dauer:	5–10 Minuten	**Vorbereitung:**	ggf. Buchstaben- und Artikelkärtchen schreiben

Beschreibung

Jede Gruppe erhält Buchstabenkarten, die umgedreht auf einem Stapel liegen. Ein Spieler zieht zwei davon und legt sie nebeneinander mit den Buchstaben nach oben auf den Tisch. Außerdem nimmt er eine der Artikelkarten. Nun sucht die Gruppe ein zusammengesetztes Substantiv, dessen erster Teil mit dem ersten, der zweite Teil mit dem zweiten gezogenen Buchstaben anfängt. Handelt es sich beispielsweise um F und Z, wären Wörter wie „Feuerzeug", „Flaschenzug" oder „Fragezeichen" möglich.

Allerdings muss auch noch die entsprechende Artikelkarte berücksichtigt werden. Hat der Schüler z.B. „die" gezogen, muss das gesuchte Wort feminin sein. Wenn ein Wort gefunden wurde, werden die Artikelkarten gemischt und die benutzten Buchstabenkarten wieder unter den Stapel geschoben, der zwischendurch immer mal wieder durchgemischt wird.

Variante(n)

Für alle Gruppen gibt es die gleiche Buchstaben- und Artikelvorgabe. Jedes Team hat eine Minute Zeit (Sanduhr), so viele Wörter wie möglich zu der Kombination aufzuschreiben. Anschließend lesen alle Gruppen ihre gefundenen Wörter vor. Pro Wort gibt es einen Punkt.

Hinweis(e)

Noch anspruchsvoller wird das Spiel, wenn drei Buchstaben gezogen und dreigliedrige Komposita gesammelt werden sollen.

Reflexion

Im Spiel kamen nur aus zwei Bestandteilen zusammengesetzte Wörter vor, im Deutschen gibt es aber auch viel längere Kombinationen. Wer findet das längste zusammengesetzte Substantiv? Aus wie vielen Teilen besteht es?

Plural-Reifen

Lehrerhinweise

Spielart: Lernspiel	**Sozialform:** alle zusammen
Thema: Plural von Substantiven	**Material:** 4 Holzreifen (aus der Sporthalle), 4 DIN-A4-Blätter
Ziel: Pluralformen kennenlernen	
Klasse: 5.-7. Klasse	**Vorbereitung:** Reifen mit genügend Abstand zueinander auf den Boden legen, Schilder für die Reifen beschriften
Dauer: 10–15 Minuten	

Beschreibung

Für dieses Spiel braucht man genügend Platz, es kann gut in der Turnhalle oder auf dem Schulhof gespielt werden. Die vier Reifen werden nebeneinander mit ausreichend Abstand auf den Boden gelegt. Jeder Reifen steht für eine im Deutschen häufig vorkommende Pluralendung (-e, -en, -s) und wird mit einem entsprechenden Schild gekennzeichnet. Im vierten Reifen liegt ein Zettel mit einem Fragezeichen für unregelmäßige Pluralformen. Die Klasse wird in vier bis sechs Gruppen aufgeteilt, die sich in möglichst großer Entfernung gegenüber von den Reifen aufstellen. Alle Mitglieder eines Teams stehen jeweils in einer Reihe hinter dem ersten Gruppenmitglied.

Der Spielleiter nennt ein Substantiv, die Startspieler der Gruppen laufen los und versuchen, als Erstes den richtigen Reifen zu erreichen (z.B. bei „Auto" den s-Reifen, da Plural „Autos"). Wer das zuerst geschafft hat, bekommt einen Punkt.

Sollte es sich um eine unregelmäßige Form, z.B. „Kaktus", handeln, darf der Schüler, der zuerst in den Reifen mit dem Fragezeichen gesprungen ist, den Plural nennen. Wenn er richtig ist, bekommt sein Team einen Punkt, wenn nicht, können die anderen Spieler raten. Danach läuft jeder wieder zurück und stellt sich hinter dem Letzten seiner Mannschaft an. Der Spielleiter sagt das nächste Wort, und die folgenden Spieler laufen los. Sieger ist das Team, das die meisten Punkte bekommen hat.

Variante(n)

Mit dieser Spielform können beispielsweise auch Artikel (der, die, das) oder unterschiedliche Schreibweisen (ss, s, ß) eingeübt werden.

Hinweis(e)

Je mehr unregelmäßige Pluralformen vorkommen, desto schwieriger wird das Spiel. Deshalb hier einige Vorschläge für solche Formen:

der Atlas, das Praktikum, der Status, der Espresso, das Fossil, das Museum, die Leiter, das Utensil, das Visum, das Indiz, das Sanatorium, der Computer

Monstermalerei

Spielart: Kommunikationsspiel

Thema: Präpositionen und Artikel im Dativ

Ziel: Bild angemessen beschreiben, Ortsangaben im Dativ richtig formulieren

Klasse: 5.–7. Klasse

Dauer: 10–15 Minuten

Sozialform: Partnerarbeit

Material: Blätter, Stifte, ggf. Stoppuhr

Vorbereitung: /

Beschreibung

Jeder Spieler bekommt drei Minuten Zeit, ein Monster zu zeichnen. Diese Fantasiefigur hat beliebig viele Augen, Arme, Beine etc., die sich an allen möglichen Stellen des Körpers befinden können.
Anschließend werden Paare gebildet, die sich gegenseitig ihr Monster beschreiben sollen. Dabei darf derjenige, der malt, die Vorlage nicht sehen. Wenn das Bild fertig ist, können die Schüler Original und Kopie miteinander vergleichen. Danach ist der andere Spieler mit Beschreiben an der Reihe.

Variante(n)

▶ Das Spiel kann auf Zeit (Stoppuhr!) gespielt werden, damit die Beschreibungen möglichst präzise und zielgerichtet sind.

▶ Die Anzahl der erlaubten Sätze zur Bildbeschreibung wird beschränkt, damit sich der Beschreibende auf die wichtigsten Details konzentriert und sich nicht mit zu vielen Einzelheiten aufhält.

Hinweis(e)

Statt eines Monsters können auch andere Arten von Bildern gemalt werden, z.B. die Anordnung von Möbeln in einem Zimmer.

Reflexion

▶ Bei welchen Gruppen hat das Beschreiben gut geklappt, bei welchen weniger? Woran lag das?

▶ Die Schüler können einen schriftlichen Vergleich zwischen Original und Kopie verfassen: Was ist bei der Zeichnung anders geraten als in der Vorlage?

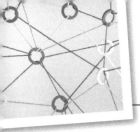

Wo ist der Frosch?

Lehrerhinweise

Spielart:	Kommunikationsspiel	**Dauer:**	5–10 Minuten
Thema:	Präpositionen und Artikel im Dativ	**Sozialform:**	Kleingruppen
Ziel:	Ortsangaben im Dativ richtig formulieren	**Material:**	ein kleines Stofftier, Plastikfrosch o.Ä. pro Gruppe
Klasse:	5.–7. Klasse	**Vorbereitung:**	/

Beschreibung

Die Klasse wird in drei bis vier Gruppen aufgeteilt. Jede erhält ein kleines Stofftier oder eine Plastikfigur. Ein bis zwei Schüler aus jedem Team verlassen den Klassenraum und warten gemeinsam vor der Tür. Die Gruppen verstecken irgendwo im Zimmer ihre Figuren. Dann werden die Mitspieler wieder hereingebeten. Jeder geht zu seinem Team und versucht, durch Fragen herauszufinden, wo die Figur verborgen ist. Zugelassen sind dabei nur Fragen, die mit „ja" oder „nein" beantwortet werden können, z.B. „Befindet sich der Frosch hinter der Heizung?" oder „Ist der Frosch in einer Tasche?" Die Mitschüler beantworten diese Fragen wahrheitsgemäß mit „ja" bzw. „nein". Sieger ist die Gruppe, die ihren Frosch zuerst gefunden hat.

Hinweis(e)

- Schwieriger wird es, wenn ein für die Schule alltäglicher Gegenstand wie ein Radiergummi oder Bleistift versteckt wird. Er fällt nämlich unter den ganzen anderen Schulartikeln kaum auf.
- Vor dem Spiel sollte sichergestellt werden, dass den Schülern die Gegenstände im Klassenraum mit korrektem Artikel bekannt sind.

Reflexion

Da in diesem Spiel Dativformen trainiert werden, kann sich ein Spiel zum Akkusativ anschließen.

Szenen nachstellen

Spielart:	Kommunikationsspiel	**Sozialform:**	alle zusammen
Thema:	Präpositionen und Artikel im Akkusativ	**Material:**	Trennwand (z.B. Pinnwand, rollbare Tafel o.Ä.), ggf. Requisiten, wie Geschirr, Möbel, Kleidungsstücke, evtl. Fotoapparat
Ziel:	Bildbeschreibung, Ortsangaben im Akkusativ richtig formulieren		
Klasse:	5.–10. Klasse	**Vorbereitung:**	Trennwand aufstellen, ggf. auf beiden Seiten die gleichen Requisiten zur Verfügung stellen
Dauer:	5–10 Minuten		

Beschreibung

Vorne in der Klasse wird eine Trennwand aufgestellt, sodass zwei ungefähr gleich große Flächen entstehen.

Die Klasse wird in drei Gruppen aufgeteilt: Darsteller, Nachspieler und Beschreiber.

- Die erste Kleingruppe (maximal sechs Personen, die Darsteller) begibt sich in den Bereich links von der Trennwand.
- Eine genauso große Gruppe (die Nachspieler) geht in den rechten Teil.
- Der Rest der Klasse (die Beschreiber) kann beide Hälften einsehen.

Die linke Gruppe denkt sich nun im Flüsterton eine Szene aus, z.B. ein Abendessen am Tisch. Dieses Standbild stellen sie gemeinsam dar.

Die rechte Gruppe sieht das Szenario wegen der Trennwand nicht und bekommt vom Rest der Klasse Anweisungen, wie sie sich hinstellen oder -setzen sollen, damit sie die gleichen Positionen einnehmen wie die Schüler in der linken Hälfte. Dabei sind nur verbale Hinweise erlaubt, kein pantomimisches Vorspielen. Wenn die Beschreiber mit dem Ergebnis zufrieden sind, wird die Trennwand weggeschoben, und die Nachspieler können das Original betrachten. Schön ist es, wenn das Resultat fotografisch festgehalten wird!

Variante(n)

Statt selbst eine Szene darzustellen, kann man auch ein Foto mit dem Beamer an die Wand projizieren. Die Darstellergruppe steht dann mit dem Rücken zu dem Bild, die übrigen Schüler erteilen Anweisungen.

Hinweis(e)

Das Spiel eignet sich gut zur Arbeit mit Standbildern, z.B. zur aktuellen Lektüre. Dazu wird die Klasse in Kleingruppen aufgeteilt, die sich jeweils ein Standbild ausdenken sollen. Nach fünf Minuten wird eine Gruppe bestimmt, die ihr Standbild in der linken Hälfte des abgeteilten Raums präsentiert. Eine gleich große Menge an Schülern steht währenddessen in der rechten Hälfte des Raums und bekommt von den anderen Instruktionen.

Viele Fragen

Spielart:	Schreibspiel	**Dauer:**	15 Minuten
Thema:	Satzglieder	**Sozialform:**	Kleingruppen
Ziel:	Fragen stellen und beantworten, Satzglieder bestimmen	**Material:**	/
		Vorbereitung:	/
Klasse:	5.–10. Klasse		

Beschreibung

Ein Minisatz, der nur aus Subjekt und Prädikat besteht, wird an die Tafel geschrieben, z.B.: „Yvonne kocht".

In Kleingruppen formulieren die Schüler ausgehend von diesem Satz innerhalb von fünf Minuten schriftlich so viele Fragen wie möglich, beispielsweise „Was kocht sie?", „Für wen kocht sie etwas?", „Wann kocht sie?" usw. Dann tauscht jede Gruppe ihre Fragen mit einem anderen Team und denkt sich mit etwas Fantasie passende Antworten dazu aus. Dabei sollte der Satzbau variieren, z.B. „Yvonne kocht Maccaroni", „Um acht kocht Yvonne" ...

Nun werden die Antworten an eine dritte Mannschaft weitergereicht, die abschließend die Satzglieder darin bestimmt.

Variante(n)

Der Minisatz lässt sich auch gut als Ausgangspunkt für eine Geschichte nehmen.

Eine Gruppe entwickelt die Fragen wie oben beschrieben, das nächste Team denkt sich eine Geschichte aus, die Antwort auf diese Fragen gibt.

Dass oder das?

Spielart:	Lernspiel	**Dauer:**	5–10 Minuten
Thema:	dass/das	**Sozialform:**	alle zusammen
Ziel:	Verwendung von dass bzw. das erkennen und unterscheiden	**Material:**	/
		Vorbereitung:	/
Klasse:	5.–10. Klasse		

Beschreibung

Der Spielleiter nennt den Schülern Sätze, in denen ein- oder mehrmals *dass* bzw. *das* vorkommt. Ein paar Beispiele für solche Sätze:

- *Dass das* so schwierig ist, hätte ich nicht gedacht.
- Weißt du, *dass das* Mädchen, *das* hier wohnt, Volleyball spielt?
- Mich ärgert, *dass* du *das* Buch, *das* ich dir lieh, noch nicht zurückgegeben hast.
- Lass *das* doch endlich mal!

Die Schüler müssen bei jedem *dass/das* vorher festgelegte Bewegungen machen, z.B.: *dass:* 2-mal in die Hände klatschen, *das:* Arme vor der Brust verschränken

Zur Kontrolle wiederholen Sie den Satz anschließend noch einmal langsam und führen dabei selbst die entsprechenden Bewegungen aus.

Variante(n)

Jeder Schüler erhält zwei Karten in verschiedenen Farben, z.B. rot und grün.

An der Tafel wird festgehalten: *grün > dass, rot > das*

Dann liest der Spielleiter langsam einen Satz vor, in dem ein oder mehrere Formen von *dass/das* vorkommen. Die Schüler halten jeweils die passende Farbkarte hoch. Heißt der Satz beispielsweise „Ich weiß, *dass* ich *das* nicht kann", müssten sie erst die grüne, danach die rote Karte hochhalten.

Hinweis(e)

- Vor dem Spiel bietet es sich an, dass die Schüler in Kleingruppen Sätze notieren, in denen möglichst viele Formen von *dass/das* vorkommen. Im Spiel können die einzelnen Gruppen ihre Sätze für die anderen vorlesen.
- Das Spiel eignet sich zum Training diverser Rechtschreibbereiche, z.B. *ä/e* oder *d/t*.

Reflexion

Abschließend können folgende Fragen beantwortet werden:

- Wann benutzt man *das* mit *s*, wann *dass* mit *ss*?
- Woran kann man das erkennen?

Satzarten würfeln

Spielart:	Schreibspiel	**Dauer:**	10–15 Minuten
Thema:	Nebensätze und Satzlogik	**Sozialform:**	Kleingruppen
Ziel:	Satzbau trainieren, Nutzung verschiedener Konjunktionen, Bestimmen von Satzarten	**Material:**	pro Team ein Farbwürfel, Karten mit Satzanfängen (Vorlage S. 49)
Klasse:	5.–7. Klasse	**Vorbereitung:**	Karten kopieren und ausschneiden

Beschreibung

Jeder Farbe des Farbwürfels wird ein Satztyp zugewiesen. Das wird für alle sichtbar an der Tafel festgehalten, evtl. noch durch eine Liste mit passenden Konjunktionen ergänzt, z.B.:

- *rot: Kausalsatz*
- *grün: Konzessivsatz*
- *blau: Temporalsatz*
- *weiß: Finalsatz*
- *gelb: Konditionalsatz*
- *schwarz: Modalsatz*

Die Kleingruppen erhalten Karten mit Satzanfängen. In jeder Kleingruppe zieht ein Schüler eine Karte und diktiert seinen Mitspielern den Satzanfang. Dann erwürfelt er mit dem Farbwürfel die Satzart. Nun versuchen alle so schnell wie möglich, einen passenden Satz in ihr Heft zu schreiben. Ein Beispiel:

Der Spieler hat Gelb gewürfelt. Also muss nun ein *Konditionalsatz* ergänzt werden, z.B.:

- Er kommt spät nach Hause, *wenn er den Bus verpasst.* oder:
- Er kommt spät nach Hause, *wenn er noch schwimmen geht.*

Der Schnellste ruft „Stopp" und liest seinen Satz vor. Wenn er richtig ist, bekommt der Betreffende einen Punkt in der Farbe der Satzart. Am Schluss gibt es noch einmal zwei Zusatzpunkte pro Farbe, die man hat. Gewonnen hat, wer am meisten Punkte hat.

Variante(n)

Die Schüler erwürfeln nicht bloß die Satzart, sondern ihnen wird vom Spielleiter auch eine bestimmte Konjunktion vorgegeben, mit der sie ihren Satzanfang vervollständigen müssen.

Hinweis(e)

- Nicht zu allen Satzanfängen lassen sich sinnvolle Sätze aller Arten bilden, weshalb das Spiel auch eine gewisse Glückskomponente beinhaltet. Wenn nach gewisser Bedenkzeit niemand einen passenden Satz gefunden hat, ist der nächste Spieler an der Reihe und zieht eine neue Satzkarte.
- Zum Nachhalten der Punkte kann jeder Spieler für sich oder Sie als Spielleiter eine Strichliste führen. Für jeden korrekten Satz wird ein Strich in der entsprechenden Farbe gemacht.

Satzarten würfeln

Kopiervorlage

✂

Wir bleiben in diesem Jahr in den Ferien zu Hause, ...

Ich muss morgen besonders früh aufstehen, ...

Er ruft nicht an, ...

Ich vermisse meinen Freund sehr, ...

Der Kühlschrank ist leer, ...

Meine Schwester hat seit gestern ein bisschen Fieber, ...

An einem warmen Sommertag liege ich gern im Park, ...

Meine Mutter ist schon seit zwei Jahren arbeitslos, ...

Unsere kleine Katze miaut besonders jämmerlich, ...

Der Vanillepudding schmeckt gut, ...

Mein Vater geht am Dienstagnachmittag endlich zum Arzt, ...

Ich schenke ihr zum Geburtstag eine CD, ...

Nachmittags langweile ich mich manchmal, ...

Mir macht es Spaß, abends lange am Computer zu sitzen, ...

Ich esse gern dunkle Schokolade, ...

Sie hat nach dem Essen die Spülmaschine eingeräumt, ...

Diesen Monat bekomme ich kein Taschengeld, ...

© Verlag an der Ruhr | Autorin: Alexandra Piel | ISBN 978-3-8346-2330-0 | www.verlagruhr.de

Wenn-dann-Kette

Lehrerhinweise

Spielart:	Kommunikationsspiel	**Dauer:**	5–10 Minuten
Thema:	Konditionalformen	**Sozialform:**	Gruppen mit 8–10 Schülern
Ziel:	Sätze im Konditional bilden	**Material:**	pro Gruppe ein kleiner Ball
Klasse:	5.–7. Klasse	**Vorbereitung:**	/

Beschreibung

In jeder Gruppe stellen sich die Schüler im Kreis auf. Jedes Team bekommt einen Ball. Der erste Schüler nimmt den Ball und formuliert einen Konditionalsatz, z.B. „Wenn ich mehr für die Arbeit geübt hätte, hätte ich eine bessere Note geschrieben." Dann wirft er den Ball zu einem anderen Spieler. Dieser muss nun die zweite Hälfte des Satzes benutzen und damit einen neuen Konditionalsatz formulieren, beispielsweise „Wenn ich eine bessere Note geschrieben hätte, hätten meine Eltern mich gelobt." So wird die Kette immer weiter geführt, bis niemandem mehr ein Satz einfällt. Dann beginnt das Spiel wieder mit einem neuen Satz.

Variante(n)

Auch andere Kettenspiele können durch das Zuspielen eines Balls belebt werden.
Folgende Ketten wären z.B. denkbar:
- Das nächste Wort muss mit dem letzten Buchstaben des Vorgängerworts beginnen: Frosch – hastig – gut …, um die Aufgabe zu erschweren, kann man auch ein Thema, wie „Tiere" oder „Adjektive", vorgeben.
- Das nächste Wort muss mit der letzten Silbe des Vorgängerworts beginnen: Telefon – Fontäne – Nebel …
- Die Kette wird mit zusammengesetzten Substantiven gebildet, z.B. Hauptstadt – Stadthaus – Haustür – Tür …

Hinweis(e)

Das Ballspielen sorgt für Bewegung und bringt ein bisschen Spannung ins Spiel, denn niemand weiß, wann er wieder an der Reihe ist. Da ist dauerhafte Aufmerksamkeit gefragt.

Alles relativ

Spielart:	Schreibspiel/Ratespiel	**Dauer:**	15–20 Minuten
Thema:	Relativsätze	**Sozialform:**	Kleingruppen
Ziel:	Begriffe definieren, Relativsätze korrekt bilden	**Material:**	Blankokärtchen
Klasse:	5.–7. Klasse	**Vorbereitung:**	/

 ## Beschreibung

In Kleingruppen erstellen die Schüler zunächst Karten für das Spiel. Auf jedes Kärtchen schreiben sie einen Begriff, der mit einem Relativsatz definiert wird, z.B.:

„Eine … ist eine Frucht, die man auspressen kann." (Orange)

„Ein … ist ein Werkzeug, das Nägel in die Wand schlagen kann." (Hammer)

„… sind Nahrungsbestandteile, die beispielsweise in Vollkornbrot enthalten sind." (Ballaststoffe)

Anschließend tauschen jeweils zwei Gruppen ihre Karten miteinander aus und legen sie verdeckt auf einen Stapel. Ein Schüler zieht die erste Karte und liest seinen Mitspielern die Definition vor. Wer den umschriebenen Begriff erraten hat, darf das Kärtchen behalten. Sieger ist derjenige, der die meisten Karten gesammelt hat.

 ## Hinweis(e)

Das Spiel eignet sich gut, um Fachwortschatz (z.B. rhetorische Figuren) zu trainieren, weil sich die Schüler dabei nicht nur mit der Grammatikstruktur Relativsatz auseinandersetzen, sondern auch wesentliche Merkmale der Fachbegriffe wiederholen können. Damit die gleichen Begriffe nicht mehrmals vorkommen, können Sie für die Gruppen Listen mit Wörtern, die definiert werden sollen, vorbereiten.

Vier gewinnt™ mit Bewegung

Spielart: Lernspiel	**Material:** Würfel, für jeden Schüler ein farbiges Band (jeweils gleich viele in zwei Farben), evtl. Fragekärtchen oder Fragenliste
Thema: Abfragen von Lernstoff	
Ziel: Wissen wiederholen und festigen	
Klasse: 5.–7. Klasse	**Vorbereitung:** Fragen vorbereiten, 16 Stühle in vier Reihen hintereinander aufstellen (4 x 4, wie bei dem bekannten Spiel „Vier gewinnt™")
Dauer: 5–10 Minuten	
Sozialform: alle zusammen	

Beschreibung

Die Schüler werden in zwei Teams aufgeteilt und bekommen jeder ein farbiges Bändchen, sodass z.B. eine rote und eine blaue Gruppe entsteht. Alle stehen um die zum Quadrat aufgestellten Stühle herum. Je ein Schüler pro Mannschaft würfelt. Wer die höhere Zahl hat, darf anfangen.

Der Spielleiter stellt die erste Frage, die Schüler aus der ersten Gruppe versuchen, sie gemeinsam zu beantworten. Wenn die Antwort richtig war, darf sich ein Schüler aus dem Team auf einen Stuhl nach Wahl setzen und hält sein farbiges Band hoch. Dann ist die andere Gruppe an der Reihe. Gewonnen hat die Mannschaft, die zuerst vier Schüler in einer senkrechten, waagerechten oder diagonalen Reihe sitzen hat.

Ein paar Ideen für Aufgaben:

- Welche Wortart ist „damals"?
- Nenne eine Präposition mit *B.*
- Forme den Satz … vom Aktiv ins Passiv um.
- Setze den Satz … ins Präteritum/Plusquamperfekt etc.
- Bestimme die Satzglieder in folgendem Satz: …

Hinweis(e)

- Bei großen Lerngruppen können Sie auch zwei Spielleiter bestimmen und zwei Spielfelder in verschiedenen Ecken des Raumes aufbauen.
- Für dieses Spiel bietet es sich an, die Fragen aus dem Rechtschreib-Superquiz (Seite 29 f.) oder aus dem Grammatik-Quiz (Seite 54 f.) zu verwenden.

Grammatik-Quiz

Spielart:	Lernspiel	**Sozialform:**	alle zusammen
Thema:	diverse Bereiche der Grammatik	**Material:**	Aufgabenkarten, für jede Gruppe jeweils eine A-, B-, C-, D-Karte, Sanduhr (30 Sekunden)
Ziel:	Stolperfallen in Stil und Grammatik erkennen und vermeiden		
Klasse:	7.–13. Klasse	**Vorbereitung:**	Karten (Vorlage S. 54/55 f.) kopieren und ausschneiden
Dauer:	10–15 Minuten		

Beschreibung

Die Klasse wird in fünf bis sechs Kleingruppen aufgeteilt, die jeweils gemeinsam an einem Tisch sitzen oder nahe zusammenstehen. Jedes Team erhält einen Satz Buchstabenkarten (A, B, C, D). Der Spielleiter liest Multiple-Choice-Fragen vor, zu denen es jeweils vier Antwortmöglichkeiten A, B, C und D gibt. Es kann sein, dass nur eine Antwort davon richtig ist, möglicherweise stimmen auch zwei, drei oder sogar alle.

Nachdem er eine Frage vorgetragen hat, dreht der Spielleiter die Sanduhr um. Die Teams haben nun 30 Sekunden Zeit, sich für Antworten zu entscheiden. Dazu wählen sie die entsprechenden Buchstabenkarten aus. Auf ein Signal des Spielleiters halten alle Gruppen diese Karten hoch. Der Spielleiter nennt die korrekte(n) Antwort(en) zu der Quizfrage und vergibt für alle richtigen Reaktionen Punkte an die Mannschaften. Der Punktestand wird in einer Tabelle an der Tafel festgehalten. Mit der nächsten Frage geht es weiter.

Variante(n)

- Die Schüler erarbeiten selbst in Kleingruppen Quizfragen nach diesem Muster.
- Bei einer Spielrunde übernimmt eine der Gruppen die Leitung und stellt den Mitschülern die Quizfragen. Wenn wieder einmal gespielt werden soll, ist eine andere Mannschaft für das Spiel verantwortlich.

Hinweis(e)

- Sie können auch Karten mit lediglich drei Antwortmöglichkeiten herstellen, dann wird es etwas einfacher für die Schüler.
- Da auf den Quizkarten die Lösungen angegeben sind, können die Schüler auch ohne Sie in Kleingruppen spielen. Jeweils einer aus der Gruppe ist Spielleiter.

Reflexion

Vielleicht ergibt das Spiel, dass die Schüler bei bestimmten Themenbereichen besonderen Übungsbedarf haben. Dann kann sich eine entsprechende Übungsphase anschließen.

Grammatik-Quiz

Kopiervorlage 1/2

Karten

A

B

C

D

Welche der folgenden Adjektive
sind überflüssig?
A: schwarzer Rappe
B: schwache Brise
C: winziger Zwerg
D: seltene Raritäten
Antwort: Alle, es handelt sich um
Pleonasmen. Die Adjektive bieten
keine zusätzliche Information.

Von welchen Adjektiven kann
man, genau genommen, einen
Superlativ bilden?
A: die optimalste Note
B: die allerletzte Chance
C: die schwierigste Aufgabe
D: der direkteste Weg
Antwort: C, alle anderen Adjek-
tive stellen bereits in ihrer
Grundform die höchste Stufe dar.

Bei welchen Fremdwörtern kann
der Artikel „das" stehen?
A: das Chanson
B: das Blamage
C: das Aquaplaning
D: das Curry
Antwort: A, C, D, Blamage: die

Was ist falsch? Das ist ...
A: ... das Auto meines Onkel
B: ... das Büro des Herrn Berg
C: ... das Haus des Professors
D: ... der Stift des Journalists
Antwort: A (meines Onkels),
D (des Journalisten)

Wo muss kein Komma stehen?
A: Er freut sich, dass es schneit.
B: Kommst du mit oder bleibst du
hier?
C: Ich warte auf Linda, die noch
beim Arzt ist.
D: Frau Mayer, meine Nachbarin,
kann gut backen.
Antwort: B

Was ist richtig?
A: ein oranges Kleid
B: ein orangefarbenes Kleid
C: ein orange Kleid
D: ein orangenes Kleid
Antwort: B, C, Farbadjektive,
wie lila oder rosa, dürfen nicht
flektiert werden.

Wo gibt es kein -s im Plural?
A: das Praktikum
B: der Globus
C: das Hobby
D: die Mango
Antwort: A (Praktika), B (Globen)

Bei welchen Substantiven steht
das Suffix -ant?
A: der Diplomand/t
B: der Konfirmand/t
C: der Rehabilitand/t
D: der Emigrand/t
Antwort: D, das Suffix -ant
beschreibt eine selbsthandelnde
Person, -and eine Person, der
etwas geschieht.

© Verlag an der Ruhr | Autorin: Alexandra Piel | ISBN 978-3-8346-2330-0 | www.verlagruhr.de

Grammatik-Quiz

Karten

Was ist nicht korrekt?
A: Vergess das Buch nicht!
B: Komm nicht so spät zurück!
C: Seh dir das mal an!
D: Wasch dir mal die Hände!
Antwort: A (vergiss), C (sieh), bei Verben mit Vokalwechsel von e > i wird der Imperativ mit i gebildet.

Was kann man sagen?
A: die meistgelesene Zeitung
B: die größtmöglichste Geschwindigkeit
C: das meistgekaufte Auto
D: die nächstliegendste Idee
Antwort: A, C, es darf bei Zusammensetzungen immer nur ein Teil gesteigert werden.

Wo muss man ein Apostroph verwenden?
A: Grass(`) Nobelpreis
B: Felix(`) Zimmer
C: Sonja(`)s Friseursalon
D: Charly(`)s Imbiss
Antwort: A, B, nach Vokalendungen steht kein Apostroph.

Von welchen Wörtern gibt es keinen Singular?
A: Ferien
B: Alpen
C: Masern
D: Leute
Antwort: A, B, C, D

Was ist falsch?
A: Seine Verletzung erschreckte die Familie.
B: Du erschrickst leicht.
C: Er erschreckte fürchterlich.
D: Erschrick nicht!
Antwort: C, die Vergangenheits-form des intransitiven Verbs heißt erschrak.

Was stimmt?
A: er hat geupdated
B: er hat downgeloadet
C: er hat outgesourct
D: er hat sich geoutet
Antwort: B, C, D; A muss upgedatet heißen.

Was darf man nicht sagen?
A: mit klopfendem Herzen
B: für alle Menschen
C: für den Autor
D: für den Soldat
Antwort: D, Soldat gehört zur n-Deklination und bekommt -en.

Welche Reihe stimmt nicht?
A: melken, molk, gemolken
B: gären, gor, gegoren
C: gären, gärte, gegärt
D: saugen, sog, gesogt
Antwort: D, saugen, sog, gesogen oder auch saugte, gesaugt sind zulässig.

Wo muss „dass" mit -ss geschrieben werden?
A: Dass/das es kalt ist, stört mich.
B: Lass dass/das doch mal sein!
C: Es ist so teuer, dass/das ich es mir nicht leisten kann.
D: Reicht dass/das noch nicht?
Antwort: A, C

Zu welcher Wortart gehört „abwärts"?
A: Konjunktion
B: Präposition
C: Adverb
D: Adjektiv
Antwort: C

Welche Formen der indirekten Rede sind richtig?
A: Er sagte, er bleibe …
B: Er sagte, er kommt …
C: Er sagte, er habe …
D: Er sagte, er sei …
Antwort: A, C, D, bei B muss es „er komme" heißen.

Was ist kein Pronomen?
A: jemand
B: dieses
C: nicht
D: sein
Antwort: C (Adverb)

© Verlag an der Ruhr | Autorin: Alexandra Piel | ISBN 978-3-8346-2330-0 | www.verlagruhr.de

Schwarze Flecken

Lehrerhinweise

Spielart:	Wortspiel	**Dauer:**	20–30 Minuten (je nach Textlänge)
Thema:	Textverständnis	**Sozialform:**	Einzelarbeit/Kleingruppen
Ziel:	Herausarbeiten der wichtigsten Textstellen bzw. Schlüsselwörter	**Material:**	für jeden Schüler eine Textkopie und einen schwarzen Filzstift
Klasse:	7.–13. Klasse	**Vorbereitung:**	Texte kopieren und verteilen

Beschreibung

Jeder bekommt einen Text, der in Stillarbeit gelesen wird. Beim nächsten Lesedurchgang streichen die Schüler mit ihrem schwarzen Filzstift alle Wörter oder sogar Sätze, die ihrer Meinung nach weniger ausschlaggebend für das Textverständnis sind. Auf diese Weise richtet sich ihr Fokus auf die wichtigsten Textstellen.

Nach dem Textschwärzen bilden die Schüler Kleingruppen und präsentieren sich gegenseitig die übrig gebliebenen Bestandteile ihrer Texte. Welche Gemeinsamkeiten bzw. Unterschiede gibt es?

Variante(n)

Die Schüler bearbeiten in Kleingruppen einen Text, der auf Folie kopiert wurde. Sie schwärzen die Textstellen mit Folienschreibern und präsentieren ihre Arbeitsergebnisse mit dem OHP in der Klasse.

Reflexion

Um sich über die Methode auszutauschen, bietet es sich an, die Aufgabe arbeitsteilig anzugehen: Die Hälfte der Klasse bekommt den Auftrag, den Text auf herkömmliche Weise zu bearbeiten, also die wichtigsten Textstellen zu markieren bzw. herauszuschreiben. Die andere Hälfte schwärzt das Unwichtige im Text. Anschließend treffen sich jeweils zwei oder vier Schüler aus den beiden Teilgruppen und vergleichen ihre Ergebnisse.

Struktur-Puzzle

Spielart:	Kommunikationsspiel	**Sozialform:**	Partnerarbeit
Thema:	Textverständnis	**Material:**	für jede Gruppe ein Klebestift, ein DIN-A3-Blatt, Briefumschlag, Klebeband sowie jeweils die gleichen Textschnipsel
Ziel:	Stichwörter bzw. Sätze zum Text strukturieren und sortieren, Kooperationsfähigkeit fördern		
Klasse:	5.–10. Klasse	**Vorbereitung:**	Textschnipsel herstellen und in Briefumschläge packen
Dauer:	10–15 Minuten		

Beschreibung

Bei diesem Spiel geht es um einen (längeren) Text, der den Schülern bereits bekannt ist. Sie als Spielleiter haben zu diesem Text 15 bis 20 Textschnipsel (Stichwörter, wichtige Sätze, weiterführende Informationen) vorbereitet. Jedes Schülerpaar bekommt einen Briefumschlag mit den identischen Schnipseln ausgehändigt. Die Spieler verteilen diese auf ihrem Platz, sodass sie alles gut im Blick haben. Außerdem bekommt jedes Paar ein DIN-A3-Blatt sowie einen Klebestift.

Dann geht es los. Ein Schüler wählt einen beliebigen Schnipsel und legt ihn auf das Blatt Papier. Sein Spielpartner nimmt ein anderes Textfragment und ordnet es ebenfalls auf dem Papier an. So arbeiten die beiden immer abwechselnd. Ziel des Spiels ist, dass sie in diesem Verfahren die Textschnipsel so anordnen, dass sich eine sinnvolle Struktur des Textes ergibt. Dabei dürfen sie allerdings nicht miteinander sprechen.

Wenn alle Schnipsel auf dem Blatt Papier liegen, versuchen die beiden, im Gespräch den Gedankengang des anderen nachzuvollziehen. Nun dürfen noch Schnipsel verschoben werden, anschließend kleben sie alles auf. Sie können ihr Struktur-Puzzle durch hand-schriftliche Ergänzungen, Pfeile und farbige Markierungen erweitern.

Die fertigen Struktur-Bilder werden mit Klebeband im Klassenraum aufgehängt und von den Schülern wie bei einem Museumsrundgang betrachtet.

Variante(n)

Die Paare strukturieren ihre Schnipsel gemeinsam und einigen sich sofort darauf, was sie wohin kleben wollen.

Reflexion

Wie hat die Partnerarbeit geklappt? Waren sich die beiden einig, wie sie die Schnipsel anordnen wollten? Konnten sie ggf. abweichende Vorstellungen miteinander klären?

Inhaltsangabe mit Tabu™

Lehrerhinweise

Spielart:	Schreibspiel	**Dauer:**	20–30 Minuten (je nach Textlänge)
Thema:	Inhaltsangabe, Textwiedergabe	**Sozialform:**	Partnerarbeit/Einzelarbeit
Ziel:	vom Text losgelöste, eigenständige Formulierungen finden	**Material:**	bereits bekannter Text
Klasse:	5.–10. Klasse	**Vorbereitung:**	Tabuwörter zum Text heraussuchen

Beschreibung

Die Schüler sollen von einem bereits bekannten Text eine Inhaltsangabe schreiben. Dabei müssen sie aber folgende Schwierigkeit bewältigen: Sie als Spielleiter schreiben eine Liste mit zehn bis 15 Tabuwörtern aus dem Text an die Tafel, die von den Schülern in ihrer Arbeit nicht benutzt werden dürfen. Stattdessen müssen sie entweder Synonyme finden oder ihre Sätze ganz anders formulieren.

Variante(n)

Die Klasse wird in zwei Gruppen aufgeteilt, die zwei verschiedene Texte bekommen. Die Schüler von Team A bzw. B erstellen in Partnerarbeit jeweils eine Liste mit zehn bis 15 Tabuwörtern zu ihrem Text. Anschließend tauschen immer zwei Paare A und B ihre Texte und Wörterlisten. Die Schüler der Gruppe A müssen nun in Einzelarbeit eine Inhaltsangabe zu Text B schreiben und umgekehrt.

Hinweis(e)

Natürlich eignet sich dieses Spiel auch für die Nacherzählung fiktionaler Texte. Das Verbot bestimmter wichtiger Wörter verhindert, dass die Schüler einfach Sätze oder Ausdrücke aus dem Text übernehmen können. Stattdessen müssen sie die Sätze eigenständig umformulieren. Hilfreich dabei sind Synonym-Wörterbücher.

Reflexion

- Für welche Tabuwörter war es besonders schwierig, Ersatzformulierungen zu finden?
- Auf welche der verbotenen Wörter konnten die Schüler problemlos verzichten?

Lauftext

Spielart:	Schreibspiel	**Dauer:**	20–30 Minuten
Thema:	Textwiedergabe	**Sozialform:**	Einzelarbeit
Ziel:	Überprüfung des Textverständnisses, eigenständige Formulierungen finden	**Material:**	für jeden Schüler Kopie eines geeigneten Sachtextes, Klebeband
		Vorbereitung:	Text auswählen, kopieren und aufhängen
Klasse:	5.–10. Klasse		

Beschreibung

Die Texte werden in einiger Entfernung von den Schülerarbeitstischen an die Wand gehängt. Jeder Schüler geht zu seinem Text und liest sich die ersten zwei bis drei Sätze durch. Danach begibt sich jeder wieder an seinen Platz und schreibt in seinen eigenen Worten auf, was er gelesen hat. Anschließend bewegt sich jeder wieder zum Text und nimmt sich die nächsten Sätze vor.

Zum Schluss überarbeiten die Schüler die aufgeschriebenen Sätze stilistisch und erstellen daraus einen zusammenhängenden Text.

Hinweis(e)

- Diese Übung hilft den Schülern, sich von der Textvorlage zu lösen und eigene Formulierungen zu finden. Durch die Auswahl von Texten unterschiedlicher Länge und Komplexität bietet sich eine leicht realisierbare Differenzierungsmöglichkeit.
- Die Methode ist auch gut zum Üben von Nacherzählungen kurzer fiktionaler Texte (z.B. Fabeln) geeignet.

Reflexion

Die Schüler vergleichen ihren Text mit der Vorlage. Haben sie alles Wichtige erwähnt? Ist es ihnen gelungen, eigene Formulierungen zu finden, oder haben sie versucht, die Sätze auswendig zu lernen und aufzuschreiben?

Lipogramm

Spielart: Schreibspiel	**Dauer:** je nach Textlänge 30–45 Minuten
Thema: Textwiedergabe	**Sozialform:** Einzel- oder Partnerarbeit
Ziel: Loslösen von der Textvorlage, eigenständige Formulierungen finden	**Material:** Textvorlage
	Vorbereitung: /
Klasse: 7.–13. Klasse	

Beschreibung

Aufgabe ist es, den Inhalt eines bekannten Textes wiederzugeben. Allerdings gibt es dabei eine erschwerende Bedingung: Die Schüler dürfen einen vorher festgelegten Buchstaben nicht benutzen. Je nach ausgewähltem Buchstaben ist der Schwierigkeitsgrad natürlich unterschiedlich hoch.

Variante(n)

Die Schüler verwandeln den Text in ein anderes Genre und schreiben z.B. zu einem Sachtext kurze Lipogramm-Verse.

Hinweis(e)

Bereits in der griechischen Antike wurden erste Lipogramme verfasst. Im Laufe der Jahrhunderte gab es immer wieder Autoren, die Erzählungen, Gedichte oder sogar Romane publizierten, bei denen absichtlich bestimmte Buchstaben ausgelassen wurden. Ein Beispiel für ein solches Lipogramm aus unserer Zeit ist die Glosse von Ulrich Stock „60 Sekunden ohne T", die 2003 in der Zeit erschien:
www.zeit.de/2003/35/60_Sekunden_ohne_T

Reflexion

Wenn die Schüler unterschiedliche Buchstaben ausgelassen haben, ist ein Vergleich der neu entstandenen Texte besonders interessant. Verschiedene Schüler lesen jeweils ein Stück ihres Lipogramms vor. Wie klingt die deutsche Sprache, wenn in einem Text z.B. alle „u" oder „s" fehlen?

Odd one out™

Spielart:	Schreibspiel	**Dauer:**	20–30 Minuten
Thema:	Textverständnis	**Sozialform:**	Kleingruppen
Ziel:	Informationen aus einem Text entnehmen und zusammenfassen	**Material:**	Blankokärtchen in DIN A5
		Vorbereitung:	/
Klasse:	5.–10. Klasse		

 ## Beschreibung

Als Grundlage dient ein längerer, bereits bekannter Sachtext, der den Schülern vorliegt. In Kleingruppen erstellen sie Spielkarten für ein anderes Team. Dazu bekommen sie acht bis zehn Blankokärtchen. Auf jede Karte schreiben sie vier Informationen, von denen aber nur drei auf den Sachtext zutreffend sind. Bei der vierten handelt es sich um eine fehlerhafte Information. Auf der Rückseite der Karte notieren die Schüler, welches die falsche Information ist und worin der Fehler liegt. Wenn alle Karten fertig sind, tauschen jeweils zwei Gruppen miteinander und benutzen sie für ein Quiz-Spiel.

Dazu werden die Karten mit der Lösungsseite nach unten auf einen Stapel gelegt.

Ein Spieler aus der Gruppe liest langsam die vier Informationen vor, danach notiert jeder, ob A, B, C oder D die falsche Aussage ist. Anschließend wird die Spielkarte umgedreht und die Lösung genannt. Jeder, der sich richtig entschieden hat, bekommt einen Punkt.

 ## Variante(n)

Mit den Spielkarten wird Vier-Ecken-Raten gespielt. Jede Ecke des Raumes wird mit einer Zahl zwischen Eins und Vier gekennzeichnet. Die Schüler stehen in der Mitte des Raumes, der Spielleiter liest die Informationen einer Karte langsam vor. Wenn jemand glaubt, die zweite Information sei falsch, geht er in Ecke zwei, wer meint, dass drei nicht korrekt sei, stellt sich in die dritte Ecke etc. Nach der Auflösung und Punktevergabe für diejenigen, die die richtige Ecke gewählt haben, präsentiert der Spielleiter die nächste Karte.

Querdenker

Lehrerhinweise

Spielart:	Ratespiel	**Dauer:**	10 Minuten
Thema:	Märchen	**Sozialform:**	alle zusammen
Ziel:	Wiederholung von Märcheninhalten und -figuren	**Material:**	Märchenkarten (Vorlage S. 63)
		Vorbereitung:	Kopieren und Ausschneiden der Märchenkarten
Klasse:	5.–7. Klasse		

Beschreibung

Alle Karten liegen auf dem Pult verdeckt auf einem Stapel. Ein Schüler kommt nach vorne, zieht eine davon und liest den ersten Hinweis vor. Alle anderen versuchen, zu erraten, um welche Märchenfigur es sich handelt. Nach und nach liest der vorne stehende Schüler die weiteren Hinweise vor. Wie der Name des Spiels vermuten lässt, handelt es sich zum Teil um nebulöse Tipps, bei denen man um die Ecke denken muss. Wer die Lösung herausgefunden hat, darf nach vorne kommen und die nächste Karte präsentieren.
Damit die Spieler nur ernst gemeinte Vermutungen äußern, darf jeder pro Spielrunde lediglich einmal raten. Wer einen Rateversuch unternommen hat, stellt sich hin.
Nur noch die sitzenden Schüler dürfen weitermachen.

Variante(n)

Das Spiel lässt sich gut in Kleingruppen spielen, wobei ein Schüler jeweils die Rolle des Spielleiters übernimmt. Er liest die Karten vor und verteilt auch die Punkte. Wer den Begriff schon nach dem ersten Hinweis errät, bekommt fünf Punkte, wer zwei Hinweise braucht, vier Punkte etc.

Hinweis(e)

▶ Dieses Spiel muss nicht auf Personen/Märchenfiguren beschränkt werden, denkbar sind auch Gegenstände, Orte oder Daten, die auf diese Weise umschrieben werden. Somit lässt sich die Spielidee leicht auf verschiedene Bereiche des Deutschunterrichts übertragen, z.B. auf die Lektürearbeit, und ist auch gut für ältere Schüler geeignet.

▶ Die Schüler können (z.B. als Hausaufgabe) weitere Spielkarten für Querdenker erstellen.

Reflexion

Anhand dieses Spiels lässt sich der Unterschied zwischen einer genauen Definition und einer rätselhaften Umschreibung gut herausarbeiten. Um das zu trainieren, können die Schüler nach dem Spiel versuchen, die genannten Märchenfiguren so präzise wie möglich zu definieren.

Querdenker

Schneewittchen
- ❖ Ich lebe nicht allein.
- ❖ Meine Stiefmutter hasst mich.
- ❖ Ich bin nicht blond.
- ❖ Mein Leben ist in Gefahr.
- ❖ Ein Missgeschick macht mich wieder lebendig.

Hans im Glück
- ❖ Ich habe immer gute Laune.
- ❖ Ich mache aus allem das Beste.
- ❖ Ich bin noch ziemlich jung.
- ❖ Ich habe sieben Jahre Berufserfahrung.
- ❖ Mir haben im Laufe der Zeit ganz verschiedene Tiere gehört.

Frosch (aus dem Froschkönig)
- ❖ Ich laufe nicht, sondern bewege mich anders vorwärts.
- ❖ Ich bin nicht der, für den man mich hält.
- ❖ Ich möchte aus einem goldenen Becher trinken.
- ❖ Eingehaltene Versprechen sind mir wichtig.
- ❖ Ich verlasse meinen Körper.

Hänsel
- ❖ Ich lebe nicht in einem Schloss.
- ❖ Jemand muss sterben, damit ich überleben kann.
- ❖ Ich bin kein Einzelkind.
- ❖ Meine Neugier bringt mich und meine Schwester in Lebensgefahr.
- ❖ Ich kann mich im Wald nicht gut orientieren.

Großmutter (von Rotkäppchen)
- ❖ Ich lebe allein.
- ❖ Ich trinke gern Wein und mag Kuchen.
- ❖ Ein großes Tier wurde mir gefährlich.
- ❖ Eine Operation rettete mein Leben.
- ❖ Ich bin schon alt.

Rumpelstilzchen
- ❖ Ich kann Wunder vollbringen.
- ❖ Ich bin sehr geschickt in Handarbeiten.
- ❖ Ich erpresse eine Frau.
- ❖ Ein Feuer verrät mich.
- ❖ Ich tanze gern, wenn ich allein bin.

Dornröschen
- ❖ Ich bin ein Opfer.
- ❖ Ich komme aus einer anderen Zeit.
- ❖ Mein Vater konnte mich nicht retten.
- ❖ Zu Hause bei mir wuchs eine große Blumenhecke.
- ❖ Ich habe mich zu Hause verletzt.

Aschenputtel
- ❖ Ich bin nicht reich.
- ❖ Ich bin eine hübsche und gute Tänzerin.
- ❖ Vögel sind meine Freunde.
- ❖ Ich habe nichts anzuziehen.
- ❖ Ein Schuh bestimmt über mein Schicksal.

Wolf (von Rotkäppchen)
- ❖ Ich bin viel unterwegs.
- ❖ Mancher will mich erschießen.
- ❖ Man sollte besser einen großen Bogen um mich machen.
- ❖ Manchmal verkleide ich mich.
- ❖ Frauen sind für mich ein Schmaus.

Sterntaler
- ❖ Ich bin großzügig.
- ❖ Ich habe Mitleid mit den Armen.
- ❖ Es regnet, aber ich werde nicht nass.
- ❖ Meine Kleidung ist sehr einfach.
- ❖ Ich werde reich beschenkt.

© Verlag an der Ruhr | Autorin: Alexandra Piel | ISBN 978-3-8346-2330-0 | www.verlagruhr.de

Assoziationen sammeln

Spielart:	Wortspiel	**Dauer:**	5–10 Minuten
Thema:	Einstieg in die Textarbeit	**Sozialform:**	alle zusammen
Ziel:	Assoziationen zum Titel einer Geschichte sammeln, Vorwissen der Schüler aktivieren	**Material:**	Sanduhr (drei Minuten), Zettel
		Vorbereitung:	/
Klasse:	5.–13. Klasse		

Beschreibung

Sie als Spielleiter schreiben den Titel eines Textes (z.B. einer Kurzgeschichte), der demnächst in der Klasse gelesen werden soll, an die Tafel. Zwei bis drei Schüler verlassen den Klassenraum und erledigen draußen den gleichen Arbeitsauftrag wie die übrigen Schüler drinnen: Sie sammeln zu diesem Titel stichwortartig ihre Assoziationen. Diejenigen, die draußen warten, schreiben auf einen Zettel, diejenigen drinnen auf die Innenseite einer umklappbaren Tafel.

Nach drei Minuten (Sanduhr!) werden die Schüler von draußen wieder hereingebeten und nennen ihre Assoziationen. Für jede davon, die auch von den Schülern im Klassenraum notiert wurde, bekommen sie einen Punkt.

Variante(n)

Das Spiel funktioniert auch in Kleingruppen am Tisch. Jeder hat drei Minuten Zeit, seine Assoziationen aufzuschreiben, danach lesen die Gruppenmitglieder reihum ihre Ergebnisse vor. Für jede Assoziation, die mindestens auch ein anderer gefunden hat, gibt es einen Punkt.

Hinweis(e)

Diese Übung ist auch für die Vorbereitung von Sachtexten und Lektüren geeignet.

Reflexion

Wenn sie den kompletten Text gelesen haben, überprüfen die Schüler, wie zutreffend ihre Assoziationen zum Titel waren.

W-Würfel

Spielart:	Kommunikationsspiel	**Dauer:**	5–10 Minuten
Thema:	Textverständnis	**Sozialform:**	alle zusammen
Ziel:	Text durch Fragen erschließen	**Material:**	kleiner Ball, Würfel
Klasse:	5.–13. Klasse	**Vorbereitung:**	/

 ## Beschreibung

Bevor dieses Spiel gespielt werden kann, müssen die Schüler alle den gleichen Text gelesen haben. Es geht nun darum, durch Fragen den Inhalt bzw. Zusammenhänge des Textes zu erfassen. Dazu würfelt ein Schüler. Jede Zahl des Würfels entspricht einem Fragewort, z.B.:

⚀ *wer*   ⚃ *was*

⚁ *wann*   ⚄ *warum*

⚂ *wie*   ⚅ *wen*

Diese Zuordnung steht für alle sichtbar an der Tafel. Der Schüler, der gewürfelt hat, formuliert eine Frage mit dem entsprechenden Fragewort. Dann wirft er den Ball zu einem Mitspieler, der die Frage beantworten muss und anschließend mit dem Würfel die nächste Frage ermittelt.

 ## Variante(n)

Die Frageart wird erwürfelt. Der Schüler aus der Lerngruppe, dem zuerst eine Frage einfällt, stellt sie einem Mitschüler seiner Wahl. Dieser ist nach dem Beantworten als nächster mit Würfeln an der Reihe.

 ## Hinweis(e)

Die Auswahl der Fragewörter kann man an den Text anpassen, z.B. statt „wann?" lieber „wieso?" oder „warum?" fragen. Sie können mit den Schülern vereinbaren, dass Fragen, die nicht mit dem Text beantwortet werden können, nach eigener Fantasie bearbeitet werden dürfen. Wenn z.B. keine Jahreszahl genannt wird, könnten sich die Schüler bei der Frage „wann" etwas ausdenken, was ihrer Meinung nach passt.

 ## Reflexion

Welche der gestellten Fragen sind besonders wichtig, um den Inhalt des Textes zu erschließen?

Rund-um-Quiz

Spielart: Lernspiel	**Dauer:** 5–10 Minuten
Thema: Textverständnis	**Sozialform:** Kleingruppen
Ziel: Fragen zum Text beantworten	**Material:** 20–25 Kärtchen mit Fragen und Antworten für jedes Team
Klasse: 5.–13. Klasse	**Vorbereitung:** Kärtchen erstellen

Beschreibung

Die Quizkarten müssen nach folgendem Prinzip beschriftet werden:

	Vorderseite	Rückseite
1. Karte	Antwort auf die letzte Frage	1. Frage (mit Sternchen markiert)
2. Karte	Antwort auf die 1. Frage	2. Frage
3. Karte	Antwort auf die 2. Frage	3. Frage (…)
4. Karte	Antwort auf die 3. Frage (…)	letzte Frage

Gespielt wird in Kleingruppen mit fünf bis sechs Schülern. Jede Gruppe bekommt ein Set Quizkarten. Jeweils ein Spieler mischt die Karten gut durch und verteilt sie gleichmäßig an seine Mitspieler. Derjenige, auf dessen Kärtchen die erste Frage steht, liest diese laut und deutlich vor. Wer glaubt, die passende Antwort zu haben, trägt sie vor. Achtung: Es kann sein, dass der erste Schüler auch selbst die Antwort auf einer seiner anderen Karten hat. Derjenige, der die richtige Antwort findet, dreht die entsprechende Karte um und liest die Frage vor, die auf der Rückseite steht. Wieder muss jemand mit der passenden Antwortkarte reagieren.

Hinweis(e)

Aus der Spielidee lässt sich gut ein Quiz mit Fragen zu Rechtschreibung oder Grammatik machen. Auch der Inhalt von Lektüren kann auf diese Weise zusammengefasst werden. Die Schüler können in Kleingruppen solche Rund-um-Quiz für ihre Mitschüler herstellen.

Gedichtpuzzle mit Lücken

Spielart:	Schreibspiel	**Dauer:**	15–20 Minuten
Thema:	Arbeit mit Gedichten	**Sozialform:**	Einzel- oder Partnerarbeit
Ziel:	Gedichtzeilen ordnen und Lücken ergänzen	**Material:**	zerschnipseltes Gedicht für jede Gruppe
Klasse:	5.–13. Klasse	**Vorbereitung:**	Gedichtschnipsel erstellen

Beschreibung

Jeder Schüler bzw. jedes Paar erhält Teile eines längeren Gedichts, die in die richtige Reihenfolge gebracht werden müssen. Allerdings bekommen sie nicht den kompletten Text ausgehändigt, sondern maximal die Hälfte. Die Lücken müssen sie mit eigenen Ideen füllen. Dabei sollten – wenn vorhanden – auch das Reimschema sowie das Metrum des Gedichts beachtet werden.

Hinweis(e)

Dieses Spiel lässt sich sehr gut mit anderen fiktionalen Texten, aber auch mit Sachtexten durchführen. Bei längeren Texten sind die ausgeteilten Textschnipsel natürlich länger als bei einem Gedicht.

Reflexion

Es ist interessant, verschiedene Lösungsvorschläge der Schüler miteinander zu vergleichen. Von welcher Version glauben die Schüler, dass sie dem Originaltext am nächsten kommt? Wie begründen sie diese Auffassung?
Zum Schluss wird die ursprüngliche Fassung des Gedichts vorgelesen.

Brainstorming mit Schere

Spielart:	Kommunikationsspiel	**Sozialform:**	Kleingruppen
Thema:	Vorwissen aktivieren	**Material:**	für jede Gruppe eine Schere, einen Klebestift, Zettel, ein Poster
Ziel:	Lektüre vorbereiten		
Klasse:	7.–13. Klasse	**Vorbereitung:**	/
Dauer:	30–45 Minuten		

Beschreibung

Um Vorwissen der Schüler zur Lektüre (z.B. über den Autor, den zeitgeschichtlichen Kontext oder das Umfeld, in dem die Lektüre spielt) zu aktivieren, oder auch zum Entwickeln erster Interpretationsansätze bietet sich folgende Methode des Brainstorming an:
Sie als Spielleiter präsentieren die Ausgangsfrage, z.B. „Was verbindet ihr mit dem Deutschen Kaiserreich?" oder „Welche Rollenbilder von Männern und Frauen kommen in der Lektüre vor?". Die Schüler sammeln in Kleingruppen spontan und ungeordnet ihre Ideen und notieren sie jeweils mit einer Zeile Abstand voneinander auf ein Blatt Papier.
Nach Abschluss der Ideensammlung werden die Gedankensplitter ausgeschnitten und sinnvoll sortiert. Wenn alle Gruppenmitglieder mit der Anordnung einverstanden sind, werden die Papierschnipsel auf ein größeres Blatt Papier (Poster) geklebt. Mit einem andersfarbigen Stift können die Schüler dann noch Ergänzungen vornehmen.
Die Plakate werden auf den Tischen ausgelegt oder an die Wand gehängt. Die Schüler gehen im Klassenraum umher und betrachten die Ergebnisse der anderen Arbeitsgruppen.

Variante(n)

Diese Aufgabe eignet sich auch für kürzere Texte und den Einstieg in Unterrichtsthemen.

Hinweis(e)

Wenn die Arbeitsergebnisse im Plenum diskutiert werden sollen, bietet es sich an, dass die Schüler beim Brainstorming mit dicken Filzstiften auf Flipchart-Bögen schreiben und diese hinterher auseinanderschneiden. So sind die Notizen auch im Plenum lesbar.

Reflexion

- ▸ Welche Ideen wurden gesammelt?
- ▸ Wie hätte ein Team die Schnipsel einer anderen Gruppe sortiert?
- ▸ Welche der im Brainstorming genannten Aspekte sollten im Unterricht näher untersucht oder vertieft werden? Aus diesen Überlegungen lässt sich gemeinsam mit den Schülern ein Ablaufplan für die komplette Unterrichtsreihe erstellen.

Buchseitenrennen

Spielart:	Ratespiel	**Dauer:**	5–10 Minuten
Thema:	Orientierung in der Lektüre	**Sozialform:**	Kleingruppen
Ziel:	Fragen zur Lektüre stellen und beantworten	**Material:**	Blanko DIN-A4-Blätter, für jede Gruppe einen dicken Filzstift
Klasse:	7.–13. Klasse		
		Vorbereitung:	/

Beschreibung

Die Klasse wird in 4er- oder 5er-Gruppen aufgeteilt. Sie als Spielleiter stellen die erste Frage zur Lektüre, z.B. „Auf welcher Seite tritt Person XY zum ersten Mal auf?" oder „Auf welcher Seite passiert der Unfall?" etc. Die Gruppen müssen so schnell wie möglich die Seitenzahl mit dickem Filzstift auf einen Zettel schreiben und ihn hochhalten. Das Team, das am nächsten dran war mit der Seitenzahl oder sie genau getroffen hat, bekommt einen Punkt und darf die nächste Aufgabe formulieren.

Variante(n)

Die Schüler bekommen in Einzel- oder Partnerarbeit ein Arbeitsblatt ausgehändigt, auf dem verschiedene Fragen zum Text notiert sind. Sie müssen die passenden Textstellen aus der Lektüre heraussuchen und die Seitenzahl hinter die Aufgabe schreiben.

Hinweis(e)

Die Schüler können als Hausaufgabe Textstellen auswählen, nach denen sie ihre Mitschüler suchen lassen wollen. Auf diese Weise lernen die Schüler, sich besser im Buch zurechtzu-finden.

Reflexion

Im Anschluss an diese Aufgabe können Sie mit den Schülern eine Kapitelübersicht zu der gesamten Lektüre erstellen.

Assoziationssäckchen

Spielart:	Kommunikationsspiel	**Sozialform:**	alle zusammen
Thema:	Assoziationen zur Lektüre	**Material:**	undurchsichtiges Säckchen oder Beutel, diverse Gegenstände (fünf mehr, als Schüler in der Klasse sind)
Ziel:	Gegenstände in Beziehung zur Lektüre bringen		
Klasse:	5.–13. Klasse	**Vorbereitung:**	Gegenstände zusammensuchen und in das Säckchen legen
Dauer:	10–15 Minuten		

Beschreibung

Allerlei Alltagsgegenstände, die keinen direkten Bezug zur Lektüre haben, werden in einem blickdichten Säckchen gesammelt. Geeignet sind Dinge wie Teebeutel, Bleistift, Münze, Socken, Teelicht, Löffel, Lippenstift, Stein, Muschel, Tütchen Zucker etc.

Der erste Schüler zieht – ohne hinzugucken – einen Gegenstand aus dem Sack (z.B. einen Stein), zeigt ihn seinen Mitschülern und stellt einen Zusammenhang zur Lektüre her, z.B.: „Der Stein zeigt den harten, unerbittlichen Charakter von Person XY im Buch" oder „Der Stein deutet auf eine Barriere hin, die zwischen den Hauptfiguren besteht" usw.

Dann wählt der nächste Spieler einen Gegenstand und äußert seine Assoziation.

Variante(n)

- Ein Spieler zieht einen Gegenstand, verschiedene Schüler nennen ihre Assoziationen.
- Die Gegenstände befinden sich für alle gut sichtbar auf einem Tisch, die Schüler stehen oder sitzen drum herum. Jeder kann sich etwas aussuchen und darüber sprechen.
- Die Schüler bekommen in Kleingruppen den Auftrag, von den auf dem Tisch stehenden Dingen die drei auszusuchen, die am besten zur Intention der Lektüre passen. Diese Einschätzung wird gut begründet im Plenum vorgestellt.

Hinweis(e)

Dieses Spiel funktioniert zu allen erdenklichen Texten und Themen. Es ist auch gut als Einstieg in ein Thema geeignet, wenn den Schülern nur die Überschrift oder ein Stichwort zu dem Text verraten wird.

Reflexion

- Welche Assoziationen waren für die anderen überraschend?
- Welche Anregungen für (neue) Interpretationsansätze hat dieses Spiel den Schülern gegeben?
- Was ist der Nutzen von Assoziationen bei der Arbeit mit Texten?

Steckbrief

Spielart: Schreibspiel

Thema: Personenkonstellation in der Lektüre

Ziel: Charakterisierung der Figuren aus der Lektüre

Klasse: 5.–13. Klasse

Dauer: 30–45 Minuten

Sozialform: Einzelarbeit/alle zusammen

Material: pro Schüler ein Steckbrief (Vorlage S. 72)

Vorbereitung: Steckbriefe kopieren

 ## Beschreibung

Jeder Schüler bekommt einen Blanko-Steckbrief. Er wählt eine Figur aus der Lektüre aus und füllt den Steckbrief für sie aus. Dazu nutzt er so weit wie möglich die Informationen aus dem Text.

Den Rest ergänzt er so, wie es seiner Meinung nach für den Charakter passend sein könnte. Somit handelt es sich bei dem Steckbrief um eine Mischung aus Textinformationen und auf der Grundlage des Textes begründeten, interpretierenden Vermutungen.

Wenn alle Steckbriefe ausgefüllt sind, liest ein Schüler seine Informationen vor, ohne jedoch den Namen zu nennen, auf den er sich bezieht. Die anderen hören zu und erraten, um wen es sich handelt. Danach wird der nächste Steckbrief vorgetragen.

 ## Variante(n)

Die Steckbriefe werden – ohne, dass der Name der Figur eingetragen wurde – an die Wand gehängt. Die Schüler bekommen kleine Klebezettel und gehen umher, um die Steckbriefe zu lesen. Dabei überlegen sie, auf welche Figur sich ein Steckbrief bezieht, und kleben einen Klebezettel mit dem entsprechenden Namen auf den Steckbrief.

 ## Hinweis(e)

Das Spiel lässt sich bei jüngeren Schülern auch gut mit Märchenfiguren spielen. Dazu sucht sich jeder Schüler eine Märchengestalt aus, füllt den Steckbrief aus und lässt die anderen raten, um wen es sich handelt.

 ## Reflexion

Daran kann sich eine Kleingruppenarbeit anschließen. Dazu bilden alle Schüler, die einen Steckbrief für eine bestimmte Person erstellt haben, eine Arbeitsgruppe. Sie vergleichen ihre Steckbriefe miteinander und diskutieren darüber, warum sie der Figur z.B. eine bestimmte Charaktereigenschaft zugeordnet haben. In welchen Punkten decken sich die Einschätzungen einer Figur, in welchen Bereichen kommen die Schüler zu sehr unterschiedlichen Beschreibungen? Was lässt sich davon mit dem Text begründen?

Steckbrief

Kopiervorlage

Steckbrief

Name: _____

Alter: _____

Wohnort: _____

Beruf: _____

Familie: _____

Hobbys: _____

Aussehen: _____

_____

_____

Positive Charaktereigenschaften: _____

_____

_____

Negative Charaktereigenschaften: _____

_____

_____

Was die Person mag: _____

_____

_____

Was die Person nicht mag: _____

_____

_____

Was sich die Person wünscht: _____

_____

_____

© Verlag an der Ruhr | Autorin: Alexandra Piel | ISBN 978-3-8346-2330-0 | www.verlagruhr.de

ABC-Schneeball

Spielart:	Wortspiel	**Dauer:**	25–30 Minuten
Thema:	Textverständnis	**Sozialform:**	Partnerarbeit/Kleingruppenarbeit
Ziel:	Schlüsselwörter zur Lektüre sammeln und Auswahl begründen	**Material:**	/
		Vorbereitung:	/
Klasse:	5.–13. Klasse		

Beschreibung

Die Schüler arbeiten paarweise zusammen. Sie bekommen zehn Minuten Zeit, ein ABC zur aktuellen Klassenlektüre zu erstellen. Dazu schreiben sie die Buchstaben des Alphabets senkrecht untereinander und notieren zu jedem Buchstaben (ggf. in beliebiger Reihenfolge) ein Wort. Diese Wörter sollten alle einen Zusammenhang zum Text aufweisen, es könnten z.B. Personen, Eigenschaften der Charaktere, Orte oder andere Schlüsselwörter sein.
Bei schwierigen Buchstaben wie X oder Y ist es auch erlaubt, andere Buchstaben davorzuschreiben, sodass z.B. Wörter wie „Exfreundin" oder „hysterisch" entstehen könnten.
Nach zehn Minuten tun sich jeweils zwei Paare zusammen und vergleichen ihre Liste. Sie einigen sich bei jedem Buchstaben auf das Wort, das ihrer Meinung nach für die Geschichte wichtiger ist, und erstellen daraus eine neue Alphabetliste.
Danach treffen zwei 4er-Gruppen aufeinander, tauschen sich wiederum über ihre Wortsammlung aus und erarbeiten ebenfalls eine neue Liste.

Variante(n)

Eine schnellere Variante: Das Schneeballspiel kann auch mit einer beliebigen Wörterliste, die nicht nach dem ABC sortiert ist, gespielt werden. Die Schüler bekommen dazu den Auftrag, eine bestimmte Anzahl (z.B. zehn) für den Text relevante Wörter zu notieren, und arbeiten damit nach dem oben beschriebenen Schneeballprinzip weiter.

Hinweis(e)

▸ Bei Sachtexten können die Schüler ein ABC zum Thema des Textes erstellen.
▸ Je nach Klassengröße lassen sich keine 4er- bzw. 8er-Gruppen einteilen. Sie können dann auch Gruppen mit anderer Teilnehmerzahl bilden und beispielsweise die erste Phase in Einzelarbeit durchführen lassen oder gleich mit 3er-Teams anfangen.

Reflexion

Wie lief der Einigungsprozess bei den verschiedenen Gruppen? Bei welchen Wörtern gab es längere Diskussionen, bei welchen waren sich die Schüler sofort einig?

Ketten-Text

Lehrerhinweise

Spielart:	Schreibspiel	**Klasse:**	7.–13. Klasse
Thema:	Textproduktion zur Lektüre	**Dauer:**	30–45 Minuten
Ziel:	Stichwörter zur Lektüre sammeln, Inhaltsangabe, Nacherzählung o.Ä. damit erstellen	**Sozialform:**	Partnerarbeit
		Material:	/
		Vorbereitung:	/

Beschreibung

Dieses Spiel besteht aus zwei Phasen. Zunächst werden Paare gebildet. Sie haben zehn Minuten Zeit, eine Kette mit 15 bis 25 Wörtern zur Lektüre zu erstellen. Dabei muss jedes neue Wort mit dem letzten Buchstaben des vorhergehenden beginnen. In Frage kommen beispielsweise Figurennamen und Orte, aber auch Verhaltensweisen, Eigenschaften, typische Gegenstände etc. Wichtig ist, dass ein eindeutiger Bezug zur Lektüre besteht, deshalb sollten die Wörter nicht so allgemein wie „Frau", „schön" oder „zusammen" sein. Wenn die Wortkette gut lesbar auf einem Blatt Papier steht, tauschen zwei Gruppen ihre Listen miteinander.

Dann beginnt die zweite Phase: Jedes Paar schreibt nun nach Vorgabe des Lehrers einen Text zur Lektüre, z.B. eine Nacherzählung, Inhaltsangabe oder Rezension. Bedingung dabei ist: Die Wörter aus der Wortkette des jeweils anderen Paares müssen darin vorkommen.

Variante(n)

Schneller geht es, wenn keine Wortkette gebildet werden muss, sondern die Schüler die Aufgabe bekommen, lediglich wichtige Stichworte zu der Lektüre zu notieren, die dann an eine andere Gruppe weitergereicht werden.

Hinweis(e)

- Das Spiel eignet sich auch für kürzere Texte, wie z.B. Kurzgeschichten.
- Damit die Schüler ein paar Anregungen zur Bildung der Wortkette bekommen, können Sie die ersten drei Stichworte für alle Mannschaften vorgeben.

Reflexion

- Welche Stichwörter wurden von den verschiedenen Teams aufgeschrieben? Lassen Sie mehrere Gruppen ihre Wortkette präsentieren.
- Welche der Wörter sind besonders wichtig bzw. charakteristisch für die Lektüre?
- Bei welchen Wörtern hatten die Schüler Schwierigkeiten, sie in einem Text unterzubringen?

W-Fragen-Runde

Spielart: Kommunikationsspiel	**Dauer:** 20–25 Minuten	
Thema: Textverständnis	**Sozialform:** Einzelarbeit/alle zusammen	
Ziel: Text mit Hilfe von Fragen erschließen	**Material:** /	
Klasse: 5.–10. Klasse	**Vorbereitung:** /	

 ## Beschreibung

Das Spiel dient dazu, die Schüler mit dem Inhalt der Lektüre vertraut zu machen.

Sie formulieren zunächst in Einzelarbeit zu vorgegebenen Fragewörtern Fragen zum Buch und schreiben sie untereinander in die linke Spalte einer wie folgt aufgebauten Tabelle:

Frage	Antwort	Gesprächspartner

Wenn jeder Schüler acht bis zehn Fragen gefunden hat, stehen alle auf und suchen sich einen Partner, der eine oder mehrere davon beantworten kann. Diese Antworten werden stichpunktartig in die Tabelle eingetragen, der Name des Gesprächspartners ebenso. Danach geht es mit einem anderen Gesprächspartner weiter. Wer zuerst Antworten auf alle Fragen hat, ruft „Stopp!" und stellt im Plenum seine Ergebnisse vor. Wenn alles richtig war, endet das Spiel, wenn nicht, gibt es noch eine Fragerunde, bis jemand „Stopp!" ruft.

 ## Variante(n)

▶ Die Schüler tauschen ihr Blatt, nachdem sie ihre Fragen notiert haben, mit dem Nachbarn und müssen Antworten auf dessen Fragen finden.

▶ Einige Fragen können auch über den Text hinausgehen und die Fantasie der Schüler anregen. Es könnte z.B. gefragt werden „Warum macht Person ... das?" oder „Was hat ... gemacht, bevor er ... kennengelernt hat?" Solche Fragen können die Schüler so beantworten, wie es ihnen logisch erscheint.

 ## Hinweis(e)

Sie können den Schülern auch fertige Fragelisten aushändigen, zu denen sie versuchen müssen, von ihren Mitschülern Antworten zu bekommen.

 ## Reflexion

Fragen, auf die ein Spieler keine passende Antwort finden konnte, werden anschließend im Plenum thematisiert.

Neue Kapitelüberschriften

Spielart:	Schreibspiel	**Dauer:**	20–25 Minuten
Thema:	Orientierung in der Lektüre	**Sozialform:**	Kleingruppe
Ziel:	Überblick über Kapitelinhalte bekommen, Überschriften formulieren	**Material:**	pro Gruppe für jedes Kapitel eine Blankokarte, dicke Filzstifte
Klasse:	7.–13. Klasse	**Vorbereitung:**	/

Beschreibung

Die Schüler bilden Kleingruppen mit maximal sechs Schülern. Sie denken sich für die Kapitel des Buches (neue) Überschriften aus. Jede davon wird einzeln auf eine der Karten notiert, auf die Rückseite schreiben die Schüler mit Bleistift, zu welchem Kapitel diese Überschrift gehört. Anschließend werden die Karten gut gemischt und mit einer anderen Gruppe getauscht.

Alle Teams versuchen nun so schnell wie möglich, die Überschriften in die richtige Reihenfolge zu bringen. Zum Schluss können die Schüler die Karten umdrehen, um zu kontrollieren, ob sie alles richtig gemacht haben.

Hinweis(e)

- Wenn das Buch sehr viele Kapitel hat, ist diese Methode zu zeitaufwändig und kleinschrittig. Alternativ können die Schüler die Lektüre in mehrere große Sinnabschnitte einteilen und für jeden dieser Abschnitte eine Überschrift auf einer Karte formulieren.
- Das Verfahren lässt sich auch bei kürzeren Texten anwenden. Dann werden Zwischenüberschriften für die einzelnen Absätze des Textes gesammelt.

Reflexion

Abschließend werden die Überschriften verschiedener Gruppen betrachtet. Entweder können jeweils zwei oder drei Teams ihre Überschriften miteinander vergleichen oder bestimmte Kapitel des Buches werden herausgegriffen, und die jeweilige Überschrift wird von den verschiedenen Gruppen vorgelesen. Folgende Fragen bieten sich zur Reflexion an:

- Welche Überschrift passt am besten zu einem bestimmten Kapitel? Warum?
- Auf welchen Aspekt bezieht sich die Überschrift?
- Warum wurde die Überschrift so formuliert?
- Wie kommt es, dass es zu manchen Kapiteln von den verschiedenen Gruppen sehr unterschiedliche Überschriften gibt, zu manchen nicht?

Zitatgeschichte

Spielart:	Schreibspiel	**Dauer:**	30–45 Minuten
Thema:	Umgang mit Zitaten	**Sozialform:**	Einzelarbeit
Ziel:	Zitieren üben, freie Textproduktion	**Material:**	5 leere Karteikarten pro Schüler
Klasse:	7.–13. Klasse	**Vorbereitung:**	/

Beschreibung

Jeder Schüler erhält fünf leere Karteikarten und schreibt darauf jeweils einen Satz in wörtlicher Rede aus der Lektüre, der ihm gut gefällt oder besonders interessant scheint. Dazu wird auch die Seitenzahl notiert, damit man das Zitat bei Bedarf in der Lektüre wiederfinden kann.

Dann werden alle Karteikarten gesammelt und gut gemischt. Jeder bekommt fünf Kärtchen und schreibt eine Geschichte, in die er diese fünf Sätze als Zitat unterbringt. Das genaue Thema für diese Texte können Sie offen lassen, oder Sie geben direkt den Bezug zur Lektüre vor.

Variante(n)

Witzig wird die Aufgabe, wenn die Schüler Zitate aus ganz unterschiedlichen Textsorten, wie Comic, politische Rede oder Märchen, heraussuchen und mit diesen Textsplittern neue Geschichten entstehen lassen.

Hinweis(e)

Diese Aufgabe beschränkt sich nicht auf die Arbeit mit Lektüren, sondern eignet sich für alle Texte, in denen wörtliche Rede vorkommt.

Flaschendrehen

Spielart:	Kommunikationsspiel	**Dauer:**	10–15 Minuten
Thema:	Reflexion über Lektüre	**Sozialform:**	alle zusammen
Ziel:	Urteil bilden und begründen, sich mit der Lektüre auseinandersetzen	**Material:**	Flasche, Statementkarten (Vorlage S. 79), Sanduhr (eine Minute)
Klasse:	7.–13. Klasse	**Vorbereitung:**	Statementkarten kopieren und ausschneiden

Beschreibung

Die Schüler sitzen in einem Stuhlkreis. Auf dem Boden liegt eine Flasche, drum herum, wie bei einer Uhr angeordnet, befinden sich zwölf Statementkärtchen mit Satzanfängen, die Sie aus den Vorlagen auf der nächsten Seite auswählen können. Zusätzlich können die Schüler auch das Blankokärtchen mit einer Aussage beschriften.

Der erste Spieler dreht die Flasche, nimmt das entsprechende Kärtchen, auf das der Flaschenhals zeigt, in die Hand, und ergänzt das darauf stehende Statement. Dabei wird die Redezeit auf eine Minute (Sanduhr!) begrenzt, damit möglichst viele Schüler an die Reihe kommen. Die benutzte Karte wird zurückgelegt oder durch eine neue Karte ersetzt.

Variante(n)

Statt Kärtchen mit so allgemeinen Formulierungen wie in der Vorlage zu benutzen, können Sie auch mit Thesenkarten arbeiten, die auf die konkrete Lektüre Ihrer Lerngruppe zugeschnitten sind. Diese können in Kleingruppen von den Schülern erstellt werden, z.B. „Der Autor kritisiert die Globalisierung" oder „Roman-Figur XY hat eine große Schuld auf sich geladen". Im Gesprächskreis müssen die Schüler begründen, warum sie dieser These zustimmen bzw. sie ablehnen.

Hinweis(e)

Um die Schüler aktiver am Spiel zu beteiligen, kann auch in Kleingruppen gespielt werden.

Reflexion

- Welche der Stellungnahmen der Mitschüler fanden die Schüler interessant?
- Was hat sie überrascht?
- Entsprachen alle geäußerten Ansichten ihrer Meinung? Welche nicht?

Flaschendrehen

Kopiervorlage

Statementkarten

✂

Das Buch erinnert mich an …	Ich habe noch nicht verstanden …	Mir gefällt …
Mir gefällt nicht …	Warum ich jemandem das Buch (nicht) empfehlen würde …	Ich fand … besonders interessant.
Ich fand … besonders langweilig.	Ich fand Figur … besonders (un)sympathisch.	An dem Buch/ der Handlung fehlt mir …
Ich würde die Autorin/ den Autor gern fragen, ….	Ich würde … an der Handlung ändern.	Ich würde der Hauptfigur … raten.
Ich würde am liebsten Figur … treffen, weil …	Bei der Lektüre habe ich mich … gefühlt.	Mir hat folgende Textstelle besonders gut gefallen: …
Wenn ich selbst in der Geschichte mitspielen könnte, wäre ich gern …	Die Autorin/der Autor kann (nicht) gut …	Als Botschaft nehme ich von der Lektüre mit: …
Mich hat überrascht, dass …	Wenn die Geschichte ein Theaterstück wäre, würde ich gerne Figur … spielen.	Folgendes Kapitel finde ich besonders wichtig: …
Ich würde dem Buch folgende Überschrift geben:	So könnte die Handlung weitergehen: …	Auf … hätte die Autorin/ der Autor gut verzichten können.
Dein Vorschlag:	Dein Vorschlag:	Dein Vorschlag:

© Verlag an der Ruhr | Autorin: Alexandra Piel | ISBN 978-3-8346-2330-0 | www.verlagruhr.de

Anno Domini™

Lehrerhinweise

Spielart:	Ratespiel	**Dauer:**	45 Minuten
Thema:	Daten und Fakten	**Sozialform:**	Kleingruppen
Ziel:	Wissen über Epochen und Ereignisse zeitlich ordnen	**Material:**	pro Gruppe mindestens 20 Blankokärtchen, Internetzugang
Klasse:	7.–10. Klasse	**Vorbereitung:**	/

Beschreibung

Die Klasse wird in Kleingruppen (drei bis vier Personen) aufgeteilt, es sollte dabei eine gerade Anzahl an Gruppen entstehen. Jedes Team erhält 20 Blankokärtchen und recherchiert im Internet passende Daten zur Literaturgeschichte oder zu Leben und Werk eines bestimmten Autors, die jeweils auf einem Kärtchen notiert werden. Auf der Vorderseite einer Karte steht immer das Ereignis, auf der Rückseite das Datum bzw. die Jahreszahl. Wenn alle Karten beschriftet sind, setzen sich zwei Gruppen zusammen und sortieren evtl. doppelte von ihren Kärtchen aus. Dann tauschen jeweils zwei Teams ihre Karten miteinander, und das eigentliche Spiel kann beginnen.

Jeder Spieler bekommt drei Karten auf die Hand, wobei aber nur die Vorderseite betrachtet werden darf. In der Mitte des Tisches liegt eine Karte mit der Vorderseite nach oben. Die übrigen Spielkarten befinden sich – mit der Vorderseite nach oben – auf einem Stapel. Der erste Spieler liest laut vor, was auf der Karte steht, die auf dem Tisch liegt. Er muss nun eine seiner Karten entweder links oder rechts davon platzieren. Links heißt, das Ereignis auf seiner Karte hat früher, rechts, es hat später stattgefunden. Der nächste Spieler legt eine seiner Karten ebenfalls dorthin, wo er glaubt, dass sie zeitlich hinpasst. Man darf auch zwischen den bereits auf dem Tisch liegenden Karten anlegen.

So geht es immer weiter, bis einer anzweifelt, dass die ausgelegte Reihenfolge wirklich chronologisch ist. Er legt kein weiteres Kärtchen ab, sondern deckt alle auf dem Tisch liegenden Karten auf. Wenn er Recht hat, hat er gewonnen, darf die Karten wegräumen und ein neues Spiel beginnen, wenn nicht, muss er zur Strafe zwei Karten vom Stapel auf die Hand nehmen. Sieger ist, wer zuerst nichts mehr auf der Hand hat, falls kein Fehler aufgedeckt wurde.

Ein paar Ideen für Karten:

- *(Vorderseite:) Günter Grass bekommt den Literaturnobelpreis. (Rückseite: 1999)*
- *(Vorderseite:) Johann Wolfgang von Goethe stirbt in Weimar. (Rückseite: 1832)*

Reflexion

- Bei welchen Daten waren sich die Schüler unsicher? Bei welchen sicher?
- Aus allen Kärtchen werden Informationen zu einem bestimmten Thema, z.B. Expressionismus, herausgesucht und auf einem Zahlenstrahl chronologisch geordnet.

Nobody's perfect™

Spielart:	Schreibspiel	**Sozialform:**	Kleingruppen
Thema:	Definitionen von Fremdwörtern	**Material:**	linierte DIN-A4-Blätter für jeden Spieler, Fremdwörterlexikon für jede Gruppe, gleichfarbige Stifte für alle Spieler
Ziel:	Begriffe im Lexikonstil definieren		
Klasse:	5.–13. Klasse		
Dauer:	20–25 Minuten	**Vorbereitung:**	/

Beschreibung

Die Schüler arbeiten in Kleingruppen mit sechs bis acht Personen zusammen. Ein Schüler A sucht aus dem Fremdwörterlexikon ein schwieriges Fremdwort aus, das seinen Mitspielern unbekannt ist.

Alle Gruppenmitglieder notieren auf einem linierten DIN-A4-Blatt in deutlicher Schrift eine Definition zu diesem Begriff. Dabei kommt es nicht darauf an, das Wort tatsächlich korrekt zu erklären, sondern die Mitspieler sollen durch möglichst plausible Ideen getäuscht werden. Diese Definitionen sollten im typischen Sprachstil eines Lexikons abgefasst sein. Derjenige, der das Wort ausgewählt hat, schreibt auf seinem Zettel die Erklärung aus dem Buch ab.

Wenn alle etwas aufgeschrieben haben, geben sie ihre Blätter verdeckt an den Startspieler A weiter. Er mischt sie und liest nacheinander die Definitionen, darunter auch die aus dem Lexikon, vor. Dabei hält er die Zettel so, dass die anderen die Handschrift nicht sehen können. Jeder muss sich entscheiden, welche Erklärung die richtige ist. Anschließend nennt A die Lösung und verteilt Punkte. Jeder, der die Bedeutung richtig erkannt hat, bekommt einen Punkt. Auch jeder, auf dessen Beschreibung jemand hereingefallen ist, wird mit jeweils einem Punkt belohnt.

Variante(n)

Der Spielleiter nennt ein Wort, die Schüler einigen sich in Kleingruppen darauf, was ihrer Meinung nach die Bedeutung des Begriffs ist. Anschließend nennt jedes Team seinen Vorschlag, der Spielleiter löst das Rätsel auf. Für jede (annähernd) richtige Erklärung bekommen die Teams einen Punkt.

Hinweis(e)

Das Spiel kann auch mit veralteten Wörtern gespielt werden, die aus dem aktiven Sprachschatz des Deutschen verschwunden sind. Unter www.bedrohte-woerter.de finden Sie eine interessante Auflistung mit Begriffen, wie hanebüchen, Heiermann oder Hagestolz.

Störenfried-Tabu™

Lehrerseite

Spielart:	Kommunikationsspiel	**Sozialform:**	alle zusammen
Thema:	Begriffe definieren	**Material:**	Tabukarten (Vorlage S. 83), Sanduhr, akustisches Signal (z.B. Gong)
Ziel:	Wörter mit bestimmten Vorgaben erklären	**Vorbereitung:**	Tabukarten kopieren und ausschneiden
Klasse:	5.–10. Klasse		
Dauer:	10–15 Minuten		

Beschreibung

Die Klasse wird in zwei Großgruppen aufgeteilt, die gegeneinander spielen. Der erste Spieler von Gruppe A kommt nach vorne und zieht eine der Tabukarten, die auf einem Stapel am Pult liegen. Er hat nun, solange die Sanduhr läuft, Zeit, das oben auf der Karte stehende Wort zu erklären. Dabei darf er die Wörter, die sich darunter befinden, nicht benutzen. Mit dem letzten Wort auf der Karte hat es eine andere Bewandtnis: Dieses muss er, obwohl es eigentlich nicht passt, auf jeden Fall verwenden. Ein Beispiel:

die **Tasche**	*„Man hat darin sein Portmonee. Der Gegenstand wird nicht aus Krokodil-, sondern Rindsleder hergestellt."*
❖ die Hose ❖ der Griff ❖ tragen ❖ packen 🐊 das Krokodil	oder *„Krokodile und andere Tiere benutzen es nicht, nur Menschen. Man hat es an der Kleidung, in Jacken, Röcken, Mänteln. Man kann es auch in die Hand nehmen."*

Die Schüler aus Gruppe A versuchen, den Begriff zu erraten. Gruppe B schweigt so lang. Ein Spieler aus Gruppe B passt auf, dass die eben genannten Regeln beim Erklären eingehalten werden. Falls der Sprecher einen Fehler macht, gibt der Aufpasser ein akustisches Signal (z.B. Gong). Wenn die Aufgabe gelöst wurde, darf die Gruppe die Karte behalten. Anschließend ist ein Spieler aus Mannschaft B an der Reihe. Sieger ist die Gruppe, die es am Ende der Spielzeit geschafft hat, am meisten Tabuwörter zu erraten.

Variante(n)

▶ Spielen Sie normales Tabu™ mit den Karten, und ignorieren Sie die „Störenfriede".
▶ Schwache Schüler dürfen die Tabuwörter für ihre Erklärung als Hilfestellung benutzen, müssen aber auch das letzte Wort in ihre Beschreibung einbeziehen.

Hinweis(e):

Das Spiel lässt sich auch in Kleingruppen spielen. Dann müssen Sie die Tabukarten in entsprechender Anzahl kopieren und Sanduhren und Gong für alle Teams mitbringen.

Störenfried-Tabu™

Kopiervorlage

die **Tasche**	der **Strohhalm**	das **Pflaster**	der **Fuß**
❖ die Hose ❖ der Griff ❖ tragen ❖ packen ⚡das Krokodil	❖ saugen ❖ das Getränk ❖ lang ❖ trinken ⚡die Eiche	❖ die Wunde ❖ die Straße ❖ kleben ❖ bluten ⚡das Thermometer	❖ der Schuh ❖ das Bein ❖ gehen ❖ laufen ⚡der Rucksack
das **Kissen**	der **Stein**	der **Schirm**	der **Mond**
❖ der Bezug ❖ das Bett ❖ liegen ❖ der Kopf ⚡der Regen	❖ hart ❖ die Mauer ❖ das Obst ❖ bauen ⚡die Socke	❖ die Sonne ❖ der Regen ❖ schützen ❖ aufspannen ⚡die Qualle	❖ die Nacht ❖ die Sonne ❖ der Himmel ❖ scheinen ⚡die Schokolade
der **Bach**	die **Dose**	das **Känguru**	der **Schrank**
❖ fließen ❖ das Wasser ❖ der Wald ❖ der Fluss ⚡die Marmelade	❖ die Cola ❖ das Blech ❖ die Konserve ❖ die Verpackung ⚡der Ohrring	❖ der Beutel ❖ Australien ❖ das Tier ❖ springen ⚡der Brunnen	❖ die Schublade ❖ die Kleider ❖ die Wohnung ❖ die Tür ⚡das Feuerzeug
die **Schere**	das **Kino**	die **Muschel**	die **Tastatur**
❖ der Friseur ❖ das Papier ❖ schneiden ❖ das Metall ⚡die Kirsche	❖ die Leinwand ❖ das Popcorn ❖ der Film ❖ sehen ⚡das Känguru	❖ die Schale ❖ das Meer ❖ der Strand ❖ sammeln ⚡der Nagellack	❖ die SMS ❖ das Handy ❖ tippen ❖ der Computer ⚡das Brötchen

© Verlag an der Ruhr | Autorin: Alexandra Piel | ISBN 978-3-8346-2330-0 | www.verlagruhr.de

Outburst™

Spielart:	Wortspiel	Dauer:	20 Minuten
Thema:	Synonyme	Sozialform:	alle zusammen
Ziel:	Verbesserung des Ausdrucks durch Synonyme für Standardformulierungen	Material:	Spielkarten (Vorlage S. 85), Sanduhr (zwei Minuten)
		Vorbereitung:	Spielkarten kopieren und ausschneiden
Klasse:	5.–13. Klasse		

Beschreibung

Die Lerngruppe wird in vier möglichst gleich große Teams aufgeteilt. Die Outburst™-Karten liegen alle verdeckt auf einem Stapel. Der Spielleiter nimmt eine davon und nennt das erste Wort, für das Synonyme gefunden werden sollen.

Die Spieler haben nun zwei Minuten Zeit (Sanduhr!), so viele Synonyme wie möglich zu notieren. Wenn die Zeit abgelaufen ist, liest der Spielleiter die Wörter vor, die auf der Karte stehen. Für jedes dieser Wörter, das eine Gruppe aufgeschrieben hat, bekommt sie einen Punkt. Die Punkte der Gruppen notiert der Spielleiter in einer Tabelle an der Tafel. Danach geht das Spiel mit der nächsten Wortkarte weiter.

Variante(n)

Die Schüler erstellen in Kleingruppen weitere Spielkarten zu häufig in ihren Texten vorkommenden Wörtern, wie z.B. *gehen*, *nur*, *nehmen* oder *groß*.

Hinweis(e)

▶ Die Spielkarten können den Schülern später als Formulierungshilfen bei Textproduktionen bzw. der Überarbeitung von Texten dienen.
▶ Um Schummeleien zu verhindern, können Sie folgende Spielregel festlegen: Jede Gruppe muss nach Ablauf des Zeitlimits ihre Wortliste an ein anderes Team zum Kontrollieren weitergeben.

Reflexion

▶ Wozu sind solche Synonymsammlungen von Nutzen?
▶ Welche anderen Synonyme außer denen, die auf den Karten angegeben sind, haben die Schüler gefunden? Sie können mit den Outburst™-Karten und ihren eigenen Wörtern Wortplakate erstellen, die in der Klasse aufgehängt werden.

gut	**schön**
gelungen	hübsch
fehlerfrei	ansehnlich
einwandfrei	attraktiv
korrekt	wundervoll
richtig	wunderbar
hochwertig	herrlich
empfehlenswert	idyllisch
positiv	angenehm
in Ordnung	apart
tadellos	reizvoll
dann	**machen**
nun	tun
danach	herstellen
später	erledigen
anschließend	anfertigen
als Nächstes	produzieren
daraufhin	erstellen
im Anschluss daran	erzeugen
des Weiteren	erschaffen
hinterher	absolvieren
nachher	durchführen
sagen	**schlecht**
rufen	abscheulich
sprechen	übel
sich äußern	schrecklich
meinen	furchtbar
mitteilen	grässlich
reden	hässlich
erwähnen	mangelhaft
behaupten	zweitklassig
anmerken	minderwertig
erklären	unangenehm
immer	**obwohl**
jederzeit	obgleich
täglich	obschon
allzeit	wenngleich
stets	jedoch
fortwährend	aber
jedes Mal	doch
ständig	trotz
dauernd	hingegen
ewig	entgegen
pausenlos	trotzdem

© Verlag an der Ruhr | Autorin: Alexandra Piel | ISBN 978-3-8346-2330-0 | www.verlagruhr.de

Eins, zwei, drei – Rhetorik-Raterei

Lehrerhinweise

Spielart:	Lernspiel	**Material:**	Buchstabenkarten oder Scrabblesteine™ mit A, B, C für jede Gruppe, Spielkarten (Vorlage S. 87 f.)
Thema:	rhetorische Mittel		
Ziel:	Benennen und Verwenden rhetorischer Stilmittel	**Vorbereitung:**	Spielkarten in der gewünschten Anzahl auswählen, (evtl. vergrößert) kopieren und ausschneiden
Klasse:	7.–13. Klasse		
Dauer:	10–15 Minuten		
Sozialform:	3er-Gruppen		

Beschreibung

Je zwei Schüler spielen gegeneinander, der dritte übernimmt die Rolle des Spielleiters.
Alle Spielkarten liegen gut gemischt mit der weißen Seite nach oben auf einem Stapel.
Der Spielleiter zieht zunächst eines der verdeckt liegenden Buchstabenkärtchen, wodurch
entschieden wird, wer die Aufgabe lösen darf:
A: Spieler A löst die Aufgabe.
B: Spieler B darf die Aufgabe übernehmen.
C: Beide Spieler treten gegeneinander an und versuchen, als erste die Aufgabe zu lösen.
Dann dreht der Spielleiter die oberste Karte des Stapels um und nennt die Aufgabe.
Wurde sie richtig gelöst, bekommt der betreffende Spieler das Kärtchen.
Für die nächste Runde übernimmt ein anderer Schüler die Rolle des Spielleiters.

Variante(n)

Sie können die Spielkarten mit den Bezeichnungen der rhetorischen Figuren sowie dem
Beispielsatz auch für Legespiele, wie Domino oder Memory™, verwenden.

Hinweis(e)

▶ Das Spiel kann auch in 4er-Gruppen gespielt werden, dann treten jeweils zwei Paare
gegeneinander an.

▶ Vor dem Spiel müssen alle Kärtchen auseinandergeschnitten und gut gemischt werden.
Dabei können Sie manche weglassen, andere doppelt kopieren, wenn sie zur Wieder-
holung mehrmals in einem Spiel vorkommen sollen.

▶ Wenn Sie die Seite mit den Spielkarten komplett kopieren, haben Sie eine Lösungs-
vorlage, die Sie am Pult hinterlegen können. Bei Zweifelsfällen können die Gruppen dort
nachschauen. Die Lösungen der freien Aufgaben „Nenne ein Beispiel für ..." können die
Schüler notieren und Ihnen zur Kontrolle vorzeigen, bevor sie eine Antwort als richtig
oder falsch verbuchen.

Eins, zwei, drei – Rhetorik-Raterei

Was ist eine **Alliteration**?	<u>Was ist das?</u> Aufeinanderfolgen von mehreren Wörtern mit gleichen Anfangsbuchstaben	<u>Was ist das?</u> Haus und Hof	Nenne ein Beispiel für eine **Alliteration**.
Was ist eine **Anadiplose**?	<u>Was ist das?</u> Wiederholung von Wörtern des Satz- oder Versendes zu Beginn des nächsten Satzes/Verses	<u>Was ist das?</u> Was bleibt, ist Hoffnung. Hoffnung stirbt zuletzt.	Nenne ein Beispiel für eine **Anadiplose**.
Was ist eine **Anapher**?	<u>Was ist das?</u> Wiederholung von Wörtern oder Wortgruppen am Anfang von Sätzen	<u>Was ist das?</u> Nur Anna sah das nicht. Nur Anna hatte keine Ahnung.	Nenne ein Beispiel für eine **Anapher**.
Was ist eine **Ellipse**?	<u>Was ist das?</u> unvollständige Sätze und Ausrufe/ Auslassungen	<u>Was ist das?</u> Klaus arbeitet in Dortmund, Bernd in Köln.	Nenne ein Beispiel für eine **Ellipse**.
Was ist eine **Inversion**?	<u>Was ist das?</u> Umstellung der üblichen Satzstellung Subjekt-Prädikat-Objekt	<u>Was ist das?</u> Schnell rannte er zu seinem Auto.	Nenne ein Beispiel für eine **Inversion**.
Was ist eine **Litotes**?	<u>Was ist das?</u> Verneinung, um das Gegenteil auszudrücken	<u>Was ist das?</u> nicht schlecht	Nenne ein Beispiel für eine **Litotes**.
Was ist eine **Metapher**?	<u>Was ist das?</u> bildhafter Ausdruck	<u>Was ist das?</u> in den sauren Apfel beißen	Nenne ein Beispiel für eine **Metapher**.

© Verlag an der Ruhr | Autorin: Alexandra Piel | ISBN 978-3-8346-2330-0 | www.verlagruhr.de

Eins, zwei, drei – Rhetorik-Raterei

Kopiervorlage 2/2

Was ist ein **Neologismus**?	<u>Was ist das?</u> neu erfundenes Wort	<u>Was ist das?</u> unkaputtbar	Nenne ein Beispiel für einen **Neologismus**.
Was ist ein **Oxymoron**?	<u>Was ist das?</u> Verknüpfung sich widersprechender Begriffe	<u>Was ist das?</u> beredtes Schweigen	Nenne ein Beispiel für ein **Oxymoron**.
Was ist **Parallelismus**?	<u>Was ist das?</u> Wiederholung gleicher syntaktischer Fügungen	<u>Was ist das?</u> Er lacht, wenn er sie sieht. Sie weint, wenn sie ihn sieht.	Nenne ein Beispiel für **Parallelismus**.
Was ist **Parataxe**?	<u>Was ist das?</u> Aneinanderreihung von Hauptsätzen	<u>Was ist das?</u> Die Katze kommt in die Küche. Sie frisst. Dann geht sie wieder weg.	Nenne ein Beispiel für **Parataxe**.
Was ist eine **Parenthese**?	<u>Was ist das?</u> Einschub, ein Satz wird in einen Satz eingefügt	<u>Was ist das?</u> Am späten Nachmittag, es war kurz nach fünf, begann es, zu regnen.	Nenne ein Beispiel für eine **Parenthese**.
Was ist eine **Personifikation**?	<u>Was ist das?</u> Gegenstände, Naturphänomene etc. werden vermenschlicht	<u>Was ist das?</u> Mütterchen Russland	Nenne ein Beispiel für eine **Personifikation**.

© Verlag an der Ruhr | Autorin: Alexandra Piel | ISBN 978-3-8346-2330-0 | www.verlagruhr.de

Foto-Kim™

Spielart:	Kommunikationsspiel	**Sozialform:**	Partnerarbeit
Thema:	Bildbeschreibung	**Material:**	für jeden Schüler ein Foto bzw. eine Postkarte (insgesamt mindestens 2 verschiedene Motive), Sanduhr (eine Minute) für jedes Paar (oder nur eine Sanduhr und ein Gong)
Ziel:	Bild präzise beschreiben, Wichtiges von weniger Wichtigem trennen		
Klasse:	5.–10. Klasse		
Dauer:	10–15 Minuten		
		Vorbereitung:	geeignete Fotos auswählen

Beschreibung

Je zwei Schüler arbeiten zusammen. Ein Schüler bekommt ein Foto (bzw. eine Postkarte), das er seinem Partner nicht zeigen darf. Er hat nun eine Minute Zeit, sich das Bild genau anzuschauen und wichtige Aspekte einzuprägen. Entweder stellt jedes Team dazu selbst seine Sanduhr auf, oder Sie geben mit dem Gong ein Start- und Schlusssignal.

Danach dreht der Schüler das Bild um und beschreibt es seinem Spielpartner. Dieser macht sich stichpunktartig Notizen dazu. Wenn der Schüler mit seiner Beschreibung fertig ist, schauen sich beide das Bild an und vergleichen die Aufzeichnungen mit dem Original. Fehlt etwas Wesentliches?

Danach wechseln die Rollen, und das Spiel geht mit einem anderen Foto weiter.

Hinweis(e)

▸ Wenn nötig, kann die Betrachtungszeit auf zwei Minuten verlängert werden.

▸ Für den Anfang sollten Sie nicht allzu komplexe Motive auswählen. Sie können beispielsweise die Fotos von „Schau genau" (Seite 92 f.) benutzen.

Reflexion

▸ Wie haben die Schüler versucht, sich die Merkmale ihres Bildes einzuprägen? Welche Strategien haben sie dabei angewandt?

▸ Wie sind sie bei der Beschreibung vorgegangen: geordnet oder ungeordnet?

▸ Was ist ihnen bei der Beschreibung leichtgefallen, wobei hatten sie Schwierigkeiten? Wofür haben vielleicht die Worte gefehlt?

▸ Welche Vorstellungen hatten die zuhörenden Spieler auf Grund der Beschreibungen von dem Bild? Gab es Überraschungen, als sie es angeschaut haben?

▸ Um die Beschreibungen zu verbessern, können die Schüler ein Beobachtungsraster erstellen, anhand dessen sie versuchen, sich die Bildinhalte einzuprägen. Interessant ist es sicherlich, das Spiel 2-mal – einmal mit und einmal ohne ein solches Raster – durchzuführen und die Resultate zu vergleichen.

Blinder Zeichner

Lehrerhinweise

Spielart:	Kommunikationsspiel	**Sozialform:**	Kleingruppen
Thema:	Bildbeschreibung	**Material:**	für jede Gruppe ein Tuch, ggf. Flipchart-Papier, Klebeband, dicke Filzstifte; sonst Tafel und Kreide; evtl. Bildvorlagen
Ziel:	Anweisungen geben und umsetzen, präzise Beschreibungen, Kooperationsfähigkeit trainieren		
Klasse:	5.–10. Klasse	**Vorbereitung:**	evtl. entsprechende Vorlagen heraussuchen
Dauer:	5–10 Minuten		

Beschreibung

Dieses Spiel kann entweder an der Tafel gespielt werden oder an Flipchart-Bögen, die in verschiedenen Ecken im Klassenzimmer aufgehängt werden. Die Gruppen (mit je maximal sechs Personen) verteilen sich entsprechend. Jeweils einem freiwilligen Schüler pro Team werden die Augen mit einem Tuch verbunden. Er ist der blinde Zeichner, der versucht, nach den Anweisungen seiner Gruppe ein Bild zu Papier zu bringen. Seine Mitspieler einigen sich auf etwas, das der „Blinde" malen soll, z.B. eine Frau im langen Kleid mit Hut, die auf einem Pferd sitzt; einen Apfelbaum, unter dem vier Stühle stehen o.Ä. Alternativ können die Schüler auch eine Bildvorlage nutzen und diese beschreiben.

Dabei geht es darum, dem Zeichner so präzise wie möglich zu erklären, was er wohin malen soll, und ihn auch während des Malens mit Anweisungen zu unterstützen.

Wenn alle Skizzen fertig sind, werden sie nacheinander von der ganzen Klasse betrachtet. Die anderen Gruppen versuchen, zu erraten, was die Gemälde darstellen sollen. Wenn es jemand herausfindet, bekommt die Gruppe einen Punkt für ihr gelungenes Bild.

Variante(n)

Das Spiel lässt sich auch in Partnerarbeit am Platz der Schüler durchführen:
Einer ist der blinde Zeichner, der andere erteilt Anweisungen.

Hinweis(e)

Es geht nicht um Zeichenkünste, sondern darum, Anweisungen zu geben und umzusetzen und z.B. die richtige Anzahl von Gegenständen in die richtige Position zu bringen.

Reflexion

▸ Wie hat sich der blinde Zeichner gefühlt? Welche Hinweise haben ihm besonders geholfen, welche Art von Erklärungen waren wenig hilfreich für ihn?

▸ Worin lagen für die Schüler besondere Schwierigkeiten beim Lösen der Aufgabe?

Schau genau

Spielart:	Kommunikationsspiel	**Sozialform:**	alle zusammen
Thema:	Bildbeschreibung	**Material:**	Fotos oder anderes Bildmaterial, das entsprechend beschriftet ist (Vorlage S. 92), Sanduhr (zwei Minuten), Klebestift
Ziel:	wesentliche Elemente eines Bildes erkennen und beschreiben		
Klasse:	5.–10. Klasse		
Dauer:	15–20 Minuten	**Vorbereitung:**	Fotos auf eine Karte kleben, Beschriftung auf Rückseite

Beschreibung

Ein Teilnehmer kommt nach vorne und erhält eine Bildkarte, die er nicht umdrehen darf. Er hält sie so, dass kein anderer die Abbildung erkennen kann. Nun hat er zwei Minuten Zeit (Sanduhr!), sie der Klasse so genau wie möglich zu beschreiben. Die anderen Spieler skizzieren das, was gesagt wird, jeweils auf einem Blatt Papier. Wenn die Zeit abgelaufen ist, tauscht jeder seine Zeichnung mit dem rechten Nachbarn, der als Kontrolleur fungiert. Der Bildbeschreiber dreht seine Karte um und liest vor, was darauf steht. Jeder, der das Entsprechende gemalt hat, bekommt dafür einen Punkt. Der Beschreiber selbst bekommt ebenfalls einen Punkt für alles, was in der Beschreibung steht und was er genannt hat.

Ein Beispiel für eine solche Zeichnung zum dritten Foto auf S. 92:

Hinweis(e)

▸ Die Zeitvorgabe kann variieren. Vor allem anfangs ist es vorteilhaft, wenn die Schüler etwas mehr Zeit zum Malen und Beschreiben haben.

▸ Geeignete Fotos finden Sie im Internet (Achtung, Rechte beachten!), Sie können aber auch gut eigene Fotos oder Postkarten, wie man sie gratis in vielen Kneipen bekommt, nehmen.

▸ Entscheiden Sie bei der Beschriftung selbst, welches die wesentlichen Punkte auf dem Bild sind.

Schau genau

Kopiervorlage

- ❖ auf dem Bild befinden sich zwei Stühle
- ❖ hinter einem Stuhl ist eine Treppe zu sehen
- ❖ auf beiden Stühlen liegt eine Wolldecke
- ❖ die Stühle haben eine runde Sitzfläche
- ❖ der Tisch ist rund
- ❖ auf dem Tisch steht ein Aschenbecher
- ❖ der Fußboden besteht aus Pflastersteinen

- ❖ das Fenster ist nach innen geöffnet
- ❖ eine Katze ist zu sehen
- ❖ die Katze guckt nach rechts
- ❖ das Haus ist bemalt
- ❖ es gibt einen Blumenkasten
- ❖ links im Blumenkasten ist eine Pflanze
- ❖ das Fenster befindet sich in der Bildmitte

- ❖ auf dem Bild sind vier Personen abgebildet
- ❖ die Personen sind von hinten zu sehen
- ❖ die Frau trägt ein Kleid
- ❖ die Frau ist die Dritte von links
- ❖ der linke Mann trägt einen Rucksack
- ❖ das Gebäude hat drei Türen (Tore)
- ❖ das Haus hat vier Etagen (inklusive EG)

- ❖ es gibt vier Regalreihen untereinander
- ❖ unten links liegen Bananen
- ❖ an den Kartons hängen/kleben
  Preisschilder
- ❖ Obst und Gemüse befindet sich in Kisten
- ❖ es gibt eine Beschriftung an der Wand
- ❖ an einer Kiste hängen Plastiktütchen

© Verlag an der Ruhr | Autorin: Alexandra Piel | ISBN 978-3-8346-2330-0 | www.verlagruhr.de

Personen-Kim™

Spielart:	Kommunikationsspiel	**Dauer:**	5–10 Minuten
Thema:	Personenbeschreibung	**Sozialform:**	alle zusammen
Ziel:	Merkmale von Personen beobachten und verbalisieren	**Material:**	Sanduhr (eine Minute)
Klasse:	5.–13. Klasse	**Vorbereitung:**	/

Beschreibung

Ein Schüler wird ausgewählt. Er stellt sich eine Minute (Sanduhr!) vor die Klasse, die anderen prägen sich ein, wie er aussieht: Es kommt dabei sowohl auf Haare/Frisur und Bekleidung als auch auf Körperform und -haltung an. Dabei darf sich niemand Notizen machen. Nach einer Minute verlässt er den Klassenraum und wartet vor der Tür. Die Übrigen nennen ihre Beobachtungen, die von Ihnen stichpunktartig an der Tafel festgehalten werden. Haben zwei Schüler voneinander abweichende Beobachtungen gemacht, wird in der Klasse darüber abgestimmt und die Anzahl der Stimmen hinzugeschrieben. Behauptet also z.B. einer, der herausgeschickte Mitschüler hätte zwei Ohrringe, und ein anderer glaubt, dass es drei seien, dann werden die anderen Mitschüler um ihre Einschätzung gebeten. Wenn alle Vermutungen an der Tafel gesammelt wurden, darf der Schüler wieder hereinkommen, und es wird verglichen, wie zutreffend die Beschreibungen waren.

Variante(n)

Jeder Schüler erhält ein Arbeitsblatt mit einer Tabelle, die beispielsweise folgende Kategorien aufweist: *Haarfarbe – Augenfarbe – Gesichtsform – Schmuck – Kleidung – Schuhe – Körperform/größe*. Nachdem die zu beobachtende Person den Raum verlassen hat, muss jeder für sich die Tabelle ausfüllen. Die Tabellen werden anschließend gemeinsam ausgewertet. Für jede richtige Beobachtung gibt es einen Punkt.

Hinweis(e)

- Diese Übung lässt sich noch besser mit außenstehenden Personen, wie z.B. einem Schüler der Parallelklasse oder einem Kollegen, machen.
- Anspruchsvoller wird es, wenn gleich mehrere Leute beschrieben werden sollen.

Reflexion

- Wie kommt es, dass Beobachtungen verschiedener Personen voneinander abweichen?
- Welche Merkmale einer Person sind so charakteristisch, dass sie von (fast) allen berücksichtigt wurden, welche fallen weniger ins Gewicht?

Wer bist du?

Spielart:	Kommunikationsspiel	**Sozialform:**	alle zusammen
Thema:	Personenbeschreibung	**Material:**	für jeden Schüler ein Foto von einer Person, dabei werden einige Fotos doppelt vergeben
Ziel:	durch präzise Beschreibung identische Personen herausfinden		
Klasse:	5.–8. Klasse	**Vorbereitung:**	möglichst ähnliche Fotos heraussuchen
Dauer:	10 Minuten		

Beschreibung

Jeder Schüler bekommt ein Foto und schaut es sich gründlich an. Dann stehen alle auf und gehen im Raum umher. Ihre Fotografie halten sie dabei so, dass die anderen sie nicht sehen können. Nun spricht jeder so viele Mitschüler wie möglich an, um herauszufinden, ob jemand das gleiche Foto bekommen hat wie er selbst. Dazu beschreiben sich die beiden gegenseitig ihre Bilder oder stellen Fragen zum Foto des Gesprächspartners. Wenn sich zwei Partner gefunden haben, endet die Spielrunde, und die Fotos werden neu verteilt.

Variante(n)

Gespielt wird in kleineren Gruppen (ca. zehn Personen), die Fotos hängen für alle gut sichtbar an der Wand oder liegen auf einem Tisch. Ein Schüler sucht sich unbemerkt eines der Bilder aus und beschreibt es den anderen. Diese müssen erraten, welches von den Fotos gemeint ist.

Hinweis(e)

- Besonders schwierig ist das Spiel, wenn Sie sehr ähnliche Fotos (z.B. nur Männer mit Bart und Brille) verteilen. Dann kommt es auf ganz detaillierte Beobachtungen an.
- Je nach Lerngruppe ist es sinnvoll, vor dem Spiel das Wortfeld „Personenbeschreibung" zu wiederholen und darüber zu sprechen, worauf es bei der Beschreibung einer Person ankommt.
- Statt Fotos von Menschen sind auch andere Bilder (z.B. Kunstpostkarten) einsetzbar, um den entsprechenden Wortschatz bei einer Bildbeschreibung zu üben.

Reflexion

- Welche Personen waren leicht zu beschreiben, welche schwieriger? Woran lag das?
- Welche Beobachtungskriterien sind für eine Personenbeschreibung wichtig?

Ja oder nein?

Spielart:	Kommunikationsspiel/Ratespiel	
Thema:	Meinungen äußern und begründen	
Ziel:	Mitspieler einschätzen, begründete Entscheidungen treffen	
Klasse:	5.–13. Klasse	
Dauer:	20–30 Minuten	

Sozialform:	Kleingruppen
Material:	Spielkarten (Vorlage S. 96), Sanduhr (30 Sekunden) für jede Gruppe, für jeden Schüler eine Ja- und eine Nein-Karte
Vorbereitung:	Karten für jede Kleingruppe kopieren und ausschneiden

Beschreibung

Die Schüler arbeiten in Kleingruppen mit vier bis sechs Personen zusammen. Der erste Spieler zieht eine der Karten, die umgedreht auf einem Stapel liegen. Er liest das darauf vorgestellte Problem (Dilemma) vor und hat maximal 30 Sekunden Zeit (Sanduhr!), sich für eine Antwort zu entscheiden. Dazu legt er verdeckt seine Ja- bzw. Nein-Karte vor sich hin. Die anderen Mitspieler versuchen, den Mitschüler einzuschätzen, und wählen ebenfalls die Ja- oder Nein-Karte. Dann dreht jeder seine Karte um. Reihum begründen die Spieler, warum sie sich für „ja" oder „nein" entschieden haben. Abschließend erklärt der Start- spieler seine Haltung. Jeder, der eine richtige Einschätzung vorgenommen hat, bekommt einen Punkt. Danach stellt der nächste Spieler eine neue Dilemma-Situation vor.

Variante(n)

In einer Kleingruppe präsentiert ein Spieler eine Dilemma-Situation. Jeder beantwortet mit der verdeckten Ja- bzw. Nein-Karte die Frage für sich selbst. Danach werden die Kärtchen aufgedeckt, und die Schüler diskutieren, warum sie sich so entschieden haben. Falls sich alle einig sind mit „ja" oder „nein", kann schnell die nächste Runde gespielt werden. Wenn nicht, bietet sich eine längere Pro- und Kontra-Diskussion zum Thema an.

Hinweis(e)

- Die Schüler können sich für eine künftige Spielrunde in Kleingruppen weitere Dilemma-Situationen ausdenken und auf Kärtchen schreiben.
- Das Spiel ist gut als Einstieg in ein Thema geeignet, um die Schüler zunächst für die Problemstellung zu sensibilisieren.

Reflexion

- Besonders interessante Dilemma-Situationen können anschließend noch einmal im Plenumsgespräch aufgegriffen und ausführlicher diskutiert werden.
- Gerade umstrittene Themen eignen sich besonders für eine Pro- und Kontra-Diskussion in der Klasse oder als Aufhänger für eine schriftliche Erörterung/Argumentation.

Ja oder nein?

Kopiervorlage

JA	**NEIN**	Euer Lehrer beschuldigt deine Freundin, die Hausaufgabe von dir abgeschrieben zu haben. Tatsächlich hast du von ihr abgeschrieben. Deine Note steht auf der Kippe, ihre nicht. Sagst du dem Lehrer die Wahrheit?
Du findest auf der Straße ein Portmonee mit 50 Euro. Würdest du es bei der Polizei/ dem Fundbüro abgeben?	Du hast ein Geschenk bekommen, das dir nicht gefällt. Bittest du den Schenkenden darum, es umzutauschen?	Du hast deine Monatskarte vergessen. Steigst du trotzdem schnell in die Bahn, ohne einen Fahrschein zu lösen?
Du gehst mit einem Freund/ einer Freundin shoppen. Er/Sie will unbedingt eine Jeans kaufen, von der er total begeistert ist. Diese sitzt aber zu eng. Sagst du ihm/ihr das?	Deine etwas älteren Freunde wollen im Kino einen Film sehen, der für dein Alter nicht freigegeben ist. Gehst du trotzdem mit?	Du hast zufällig mitbekommen, dass deine Schwester raucht. Würdest du es deinen Eltern sagen, wenn sie dich danach fragen?
Du hast den Zug/Bus verpasst, weil du morgens zu lange herumgetrödelt hast. Denkst du dir in der Schule eine Ausrede für deine Verspätung aus?	Du sparst gerade dein Taschengeld für ein neues Handy. Nun gibt es demnächst ein Konzert, das du gern besuchen würdest. Gibst du etwas von dem Geld dafür aus?	Deine Clique will den Nachmittag im Freibad verbringen. Du hast dazu keine Lust, aber auch nichts anderes vor. Gehst du trotzdem mit?
Ein Bettler fragt dich in der Stadt nach etwas Kleingeld. Du hast gerade ein bisschen Taschengeld bekommen. Würdest du dem Mann Geld geben?	Deine Nachbarin ist drei Jahre jünger als du. Würdest du trotzdem deine Freizeit mit ihr verbringen?	Preiswerte Textilien haben den Ruf, dass sie unter sehr belastenden Produktionsbedingungen hergestellt werden. Nimmst du darauf Rücksicht und kaufst lieber etwas Teureres?
Deine beste Freundin ruft an, als du gerade deine Lieblings-TV-Serie schaust. Sagst du ihr, dass du keine Zeit für sie hast?	Du bist bei den Eltern eines Freundes zum Essen eingeladen. Leider gibt es Fisch, was du gar nicht magst. Isst du trotzdem aus Höflichkeit ein bisschen?	Deine Freundin wünscht sich zum Geburtstag ein bestimmtes Spiel. Allerdings kostet es mehr als gedacht. Schenkst du es ihr trotzdem?

© Verlag an der Ruhr | Autorin: Alexandra Piel | ISBN 978-3-8346-2330-0 | www.verlagruhr.de

Pro- und Kontra-Lauf

Spielart: Kommunikationsspiel	**Dauer:** 10–15 Minuten
Thema: Argumentation	**Sozialform:** alle zusammen
Ziel: rhetorisches Training, Argumente überzeugend vortragen	**Material:** 15 Klebezettel
	Vorbereitung: /
Klasse: 7.–10. Klasse	

 ## Beschreibung

Zu Beginn des Spiels schreibt der Lehrer das Thema an die Tafel, um das es geht, z.B.

▶ *pro und kontra Schuluniformen/einheitliche Schulkleidung*

▶ *pro und kontra Atomkraftwerke*

Jeder Schüler notiert spontan auf einem Zettel, ob er pro oder kontra zu dem Thema eingestellt ist. Dann wird das Klassenzimmer vorbereitet:

Von einer Seite des Raumes zur anderen wird mit ca. 15 Klebezetteln in gleichen Abständen eine Linie gebildet. Drei bis vier Schüler befinden sich jeweils an einem Ende der Linie. Die Übrigen stehen genau in der Mitte zwischen diesen beiden Parteien.

Die Schüler auf der einen Seite vertreten die Pro-Position (auch wenn das nicht ihre eigene Meinung sein sollte) und müssen möglichst überzeugende Argumente dafür finden. Die Schüler auf der anderen Seite übernehmen den Gegenpart. Abwechselnd trägt einer der Pro- bzw. Kontra-Redner ein Argument vor (inwieweit dabei auf den Vorredner eingegangen wird, bleibt den Schülern überlassen). Die Schüler in der Mitte müssen einen Schritt (Klebezettel) in Richtung Pro- oder Kontra-Redner machen, je nachdem, welches Argument sie mehr überzeugt hat. So geht es weiter, bis mindestens zehn Argumente ausgetauscht wurden. Am Ende kann man die Gewinnergruppe daran erkennen, auf welcher Seite die meisten Schüler stehen.

 ## Hinweis(e)

Um den Schülern das Argumentieren zu erleichtern, kann man der Übung eine Gruppenarbeit vorschalten: Die Klasse wird in acht Gruppen aufgeteilt, je vier sammeln Pro- bzw. Kontra-Argumente zum Thema. Nach fünf Minuten Bedenkzeit übernimmt je einer aus jeder Gruppe die Rolle des Redners und stellt sich an der entsprechenden Seite auf.

 ## Reflexion

▶ Was ist ein Argument? Wodurch unterscheidet es sich von einer Behauptung?

▶ Wie kann man Argumente möglichst schlagkräftig vortragen? Welche Rolle spielen Mimik, Gestik, Körperhaltung und Stimme dabei? Wer trat besonders überzeugend auf?

▶ Welche der genannten Argumente waren besonders zugkräftig?

▶ Hat jemand seine persönliche Meinung geändert? Warum?

Bilder verknüpfen

Lehrerhinweise

Spielart:	Kommunikationsspiel	**Dauer:**	10 Minuten
Thema:	zu Bildern assoziieren	**Sozialform:**	Kleingruppen
Ziel:	Erzählanlässe schaffen	**Material:**	pro Gruppe mind. 30 verschiedene Bildkarten
Klasse:	5.–10. Klasse	**Vorbereitung:**	Bildkarten auswählen

Beschreibung

Die Schüler sitzen in Kleingruppen von vier bis sechs Schülern um einen Tisch. Jedes Team bekommt einen Satz Bildkarten, die verdeckt in zwei gleich großen Stapeln nebeneinandergelegt werden.

Der erste Spieler beginnt und nimmt von jedem Stapel eine Karte auf, die er offen vor sich legt. Er muss nun einen Zusammenhang zwischen diesen beiden Bildern herstellen. Hat er beispielsweise ein Bild von einem Bett und von einer Brille gezogen, könnte er sagen: „Wenn ich ins Bett gehe, nehme ich meine Brille ab" oder „Als ich ins Bett wollte, habe ich mich aus Versehen auf meine Brille gelegt" o.Ä.

Wenn alle Karten einmal benutzt wurden, werden sie gründlich gemischt und erneut auf zwei Stapel aufgeteilt.

Variante(n)

Mehr Zeit erfordert das Spiel in folgender Variante: Ein Schüler zieht die Karten, alle Spieler schreiben einen eigenen Satz auf, der die beiden Bilder in einen Zusammenhang bringt. Dazu haben sie so lange Zeit, wie eine Sanduhr läuft. Anschließend liest jeder seine Idee vor.

Hinweis(e)

Je unterschiedlicher die Bilder sind, desto anspruchsvoller und fantasieanregender wird das Spiel. Wenn sich Schüler mit solchen kreativen Spielen schwertun, können Sie ihnen zunächst Bildkarten vorgeben, die sich leicht miteinander verknüpfen lassen, wie z.B. Lippenstift und Spiegel oder Brot und Messer.

ABC-Geschichte

Spielart:	Kommunikationsspiel	**Dauer:**	10–15 Minuten
Thema:	freies Erzählen	**Sozialform:**	Kleingruppen
Ziel:	Variationen für Satzanfänge finden, Verbesserung des Ausdrucks	**Material:**	ABC-Liste mit Satzanfängen
Klasse:	5.–13. Klasse	**Vorbereitung:**	ABC-Liste mit Satzanfängen selbst mit den Schülern erstellen oder Vorlage (S. 100) für jede Kleingruppe kopieren

 ## Beschreibung

In Kleingruppen erzählen die Schüler gemeinsam eine Geschichte. Dabei muss der jeweils folgende Satz mit dem nächsten Buchstaben des Alphabets beginnen. Die Schüler können entweder im Uhrzeigersinn die Geschichte weiterspinnen oder in beliebiger Reihenfolge spontan ihre Einfälle ergänzen. Schreibt einer aus der Gruppe mit, können die Geschichten später im Plenum vorgelesen oder in einer Schreibkonferenz überarbeitet werden. Besonders interessant ist, wenn alle Teams mit dem gleichen Satzanfang beginnen, der natürlich auf ein bestimmtes Thema Bezug nehmen kann, z.B.:
„**A**ls wir letztes Jahr im Urlaub in Spanien waren, ist etwas Merkwürdiges passiert. **B**is heute weiß ich nicht genau, wie es dazu kommen konnte. **C**hristian, mein Bruder ..."

 ## Variante(n)

▶ Man kann so auch eine Geschichte nacherzählen lassen.
▶ In Partner- oder Einzelarbeit können die Schüler eine ABC-Geschichte schreiben.

 ## Hinweis(e)

▶ Hilfreich ist, wenn die Schüler vorher zu den Buchstaben des Alphabets Satzanfänge sammeln und diese auf einem Plakat notieren. Sie können auch eine Liste mit Satzanfängen (S. 100) austeilen und ggf. gemeinsam ergänzen. Diese leistet den Schülern über das Spiel hinaus gute Dienste bei der Textproduktion.
▶ Bei schwierigen Buchstaben, wie C, X oder Y, können die Schüler weitere Personen in die Geschichte einführen, etwa „Xenia sagte dazu, ..."

 ## Reflexion

Nach einer so ausführlichen Beschäftigung mit Satzanfängen ist es interessant, darauf zu achten, wie berühmte Autoren ihre Sätze beginnen. Wählen Sie eine Kurzgeschichte oder einen Ausschnitt aus einer Ganzschrift aus, und untersuchen Sie mit der Klasse die Satzanfänge. Dabei kann die ABC-Liste mit weiteren Formulierungen vervollständigt werden.

ABC-Geschichte

Kopiervorlage

A	abends, auf einmal, als, aber, außerdem, allerdings, ab und zu
B	bald, besonders, bloß, beinahe
C	circa
D	dann, darauf, daraufhin, danach, damals, dort, da, darüber hinaus
E	erst, einmal, einst, etwas, einerseits … andererseits
F	fast, ferner, früher
G	ganz, glücklicherweise
H	heute, hier, hinzu kommt, hin und wieder
I	inzwischen, irgendwo, irgendwie
J	jetzt, jedoch, je
K	kein, kaum, keineswegs
L	leider
M	meistens, manchmal, mittlerweile, möglicherweise, mittags
N	natürlich, normalerweise, nun, noch, nach, nie(mals), nachdem
O	obwohl, ob
P	plötzlich
Q	quasi
R	regelmäßig, recht
S	später, seit, seitdem, sofort, schließlich, sowohl … als auch
T	täglich, trotzdem, tatsächlich
U	überraschenderweise
V	vielleicht, vorher
W	während, wenn, wahrscheinlich, wieder
X	Namen, wie Xenia, Xaver, Xavier
Y	Namen, wie Yüksel, Yannik, Yves
Z	zufällig, zwischendurch, zudem, ziemlich, zum Schluss

© Verlag an der Ruhr | Autorin: Alexandra Piel | ISBN 978-3-8346-2330-0 | www.verlagruhr.de

Spieleübersicht

Trainierte Kompetenzen

(Spiele in der Reihenfolge, wie sie im Buch vorkommen)

Spiel-art	Spiel	Lesen/ Textver-ständnis	Schreiben/ Text-produktion	Sprechen	Zuhören
L	Vokal-Lauf		x		x
R/K	Teekesselchen		x	x	x
W	Ursprünglich		x		
L	Stolperwörter		x		x
L	Rechtschreib-Schnapp		x		x
L	Würfeldiktat		x		
W	Würfelduell		x		
W	S-Laute-Bingo™		x		
L	6er-Diktat		x		x
W	Tick Tack Bumm™			x	
W	Anwachsende Wörter		x	x	
S	Wer hat die meisten Buchstaben?		x		
R	ABC-Salat		x		
W	Wortfinder		x	x	x
R	Ausschlussprinzip		x	x	x
L	Wörter-Kim™		x		
L	Das Superquiz		x	x	x
W	Wortarten-ABC		x		
L	Gleich und Gleich gesellt sich gern	x			
W	Versteckte Wortarten	x	x	x	x
R	Was macht der denn da?	x		x	
L	Verben-Rennen			x	
R	Passiv-Pantomime	x		x	
W	Präteritum-Kette			x	
W	Zusammengesetzte Substantive			x	
L	Plural-Reifen				x
K	Monstermalerei			x	x
K	Wo ist der Frosch?			x	x
K	Szenen nachstellen			x	x
S	Viele Fragen	x	x		
L	Dass oder das?				x
S	Satzarten würfeln		x		x
K	Wenn-dann-Kette			x	x
S/R	Alles relativ		x		x
L	Vier gewinnt™ mit Bewegung			x	x

Spieleübersicht

Spiel-art	Spiel	Lesen/ Textver-ständnis	Schreiben/ Text-produktion	Sprechen	Zuhören
L	Grammatik-Quiz			x	x
W	Schwarze Flecken	x			
K	Struktur-Puzzle	x		x	x
S	Inhaltsangabe mit Tabu™		x		
S	Lauftext	x	x		
S	Lipogramm	x	x		
S	Odd one out™	x	x	x	x
R	Querdenker	x			x
W	Assoziationen sammeln		x		
K	W-Würfel	x		x	x
L	Rund-um-Quiz	x			x
S	Gedichtpuzzle mit Lücken	x	x		
K	Brainstorming mit Schere		x	x	x
R	Buchseitenrennen	x			x
K	Assoziationssäckchen			x	x
S	Steckbrief	x	x		x
W	ABC-Schneeball	x	x	x	x
S	Ketten-Text	x	x		
K	W-Fragen-Runde	x	x	x	x
S	Neue Kapitelüberschriften	x	x	x	
S	Zitatgeschichte	x	x		
K	Flaschendrehen			x	x
R	Anno Domini™	x		x	x
S	Nobody's perfect™		x		x
K	Störenfried-Tabu™			x	x
W	Outburst™		x	x	x
L	Eins, zwei, drei – Rhetorik-Raterei			x	x
K	Foto-Kim™			x	x
K	Blinder Zeichner			x	x
K	Schau genau			x	x
K	Personen-Kim™			x	
K	Wer bist du?			x	x
K	Ja oder nein?			x	x
K	Pro- und Kontra-Lauf			x	x
K	Bilder verknüpfen			x	
K	ABC-Geschichte			x	x

K: Kommunikationsspiel, L: Lernspiel, R: Ratespiel, S: Schreibspiel, W: Wortspiel

Medientipps

Literatur

Inge Blatt:
Fundgrube Deutsch.
Sekundarstufe I.
Cornelsen Scriptor, 2012.
ISBN 978-3-589-23335-9

Ulrich Bracht:
**Anregungen zum Erzählen
und szenischen Spiel.**
100 Karteikarten.
Verlag an der Ruhr, 2010.
ISBN 978-3-8346-0741-6

Rolf Esser:
Arbeitsblätter Deutsch für Sek. I.
Literatur, Lyrik, eigene Texte.
Verlag an der Ruhr, 1998.
ISBN 978-3-92727-987-2

Alexandra Ferrarij:
111 Ideen für den geöffneten Unterricht.
Organisationstipps und Methoden
für den Schulalltag.
Verlag an der Ruhr, 2012.
ISBN 978-3-8346-0940-3

Antje Lehbrink:
Lust auf Sprache!
Sprachliche Phänomene mit Jugendlichen
entdecken.
Verlag an der Ruhr, 2011.
ISBN 978-3-8346-0744-7

Andreas Müller:
Kooperatives Lernen im Deutschunterricht.
10 Methoden aus der Praxis für die Praxis.
Schöningh, 2011.
ISBN 978-3-1401-8220-1

Alexandra Piel:
Rechtschreibung mit Diktaten.
Klasse 5/6.
Verlag an der Ruhr, 2011.
ISBN 978-3-8346-0790-4

Alexandra Piel:
Sprache(n) lernen mit Methode.
170 Sprachspiele für den Deutsch-
und Fremdsprachenunterricht.
Verlag an der Ruhr, 2002.
ISBN 978-3-8607-2740-9

Links*

http://wiki.zum.de/Deutsch
Umfangreiche Sammlung im Stil von Wikipedia mit Artikeln,
Definitionen und weiterführenden (Online-)Adressen

www.lehrerfreund.de/schule/kat/Deutschunterricht
Unterschiedliche Arbeitsblätter zu vielen Themen des Deutschunterrichts

www.kerber-net.de/index_deutsch1.htm
Praxiserprobte und bewährte Materialien aus 38 Jahren Lehrertätigkeit
von Helmuth Kerber

www.lindenhahn.de
Unter „Links" findet man auf der Seite der Lindenhahns interessante und
weiterführende Informationen im Netz

* Die in diesem Werk angegebenen Internetadressen haben wir geprüft (Februar 2013).
Da sich Internetadressen und deren Inhalte schnell verändern können, ist nicht auszuschließen,
dass unter einer Adresse inzwischen ein ganz anderer Inhalt angeboten wird.
Wir können daher für die angegebenen Internetseiten keine Verantwortung übernehmen.

Verlag an der Ruhr

Postfach 10 22 51
45422 Mülheim an der Ruhr

Telefon 030/89 785 235
Fax 030/89 785 578

bestellungen@cornelsen-schulverlage.de
www.verlagruhr.de

■ (Un)Geliebte Rechtschreibung
Lernspiele mit Merkregeln
Kl. 5–8, 68 S., A4, Papphefter
ISBN 978-3-8346-0740-9

■ (Un)Geliebte Grammatik
30 Lernspiele mit Merkregeln
und Arbeitsblättern
Kl. 5–7, 66 S., A4, Papphefter
ISBN 978-3-8346-0453-8

■ Grammatikübungen – Klasse 5/6
Mit editierbaren Arbeitsblättern
Kl. 5–6, 127 S., A4, Paperback,
mit bearbeitbaren Word-Dateien auf CD
ISBN 978-3-8346-0972-4

■ Stationenlernen Aufsätze – Klasse 7/8
Kl. 7–8, 63 S., A4, Papphefter
ISBN 978-3-8346-0971-7

So geht das!
■ Aufsatzkorrekturen fair und transparent
Checklisten und Beurteilungshilfen
Kl. 5–10, 97 S., A4, Paperback mit
bearbeitbaren Word-Dateien auf CD
ISBN 978-3-8346-0328-9

■ Das große Arbeitsbuch Literaturunterricht
Lyrik, Epik, Dramatik
Kl. 8–11, 172 S., A4, Paperback
ISBN 978-3-8346-0234-3

■ Kurzgeschichten
Texte lesen - verstehen - erfahren
Kl. 7–10, 88 S., A4, Papphefter
ISBN 978-3-8346-0579-5

Vertretungsstunden to go
■ Deutsch – Klasse 5/6
Sinnvolle Inhalte für spontanen Unterricht
Kl. 5–6, 104 S., A4, Paperback
ISBN 978-3-8346-0970-0

Vielseitigkeit im Deutschunterricht